Franz Hohler

Der Verkäufer und der Elch

Geschichten, Lieder, Szenen

Herausgegeben von Annelie Wegener

Henschelverlag
Kunst und Gesellschaft
Berlin 1987

ISBN 3-362-00125-4

1. Auflage
Lizenz-Nr. 414.235/23/87
LSV-Nr. 7319
Lektorat: Frauke Jenssen
Gestaltung: Rolf Dau
Printed in the German Democratic Republic
Satz: Druckhaus Weimar
Druck: Gutenberg Buchdruckerei und Verlagsanstalt Weimar,
Betrieb der VOB Aufwärts
Buchbinderei: Buchkunst Leipzig
625 765 3
01000

Inhalt

Was ich alles bin

Nichtraucher
Rechtshänder
Steuerpflichtiger
Dienstuntauglicher
Zuzüger
Einwohner
Bürger
Wochenaufenthalter
Aufenthaltsberechtigter
Meldepflichtiger
Ersatzpflichtiger
Zivilschutzpflichtiger
Teilnehmer
Halter
Benützer
Adressat
Absender
Bezüger
Empfänger
Käufer
Besteller
Selbstabholer
Anwohner
Zubringer
Fußgänger
Autofahrer
Linksabbieger
Fahrzeughalter
Passagier
Fahrgast
Reisender in Richtung
Leser

Hörer
Abonnent
Zuschauer
Bazillenträger
Kassenpatient
Vollversicherter
Geschädigter

Gesuchsteller
Zeuge des Vorfalls
Schwimmer
Einzelwanderer
Pflanzenfreund
raschentschlossener Selbstkäufer
frischgebackener Ehemann
modebewußter Kunde
selbständig Erwerbender
Mieter
Schuldner
Begünstigter
Eigentümer
Inhaber
Besitzer
Nachkomme
Vorfahre
Mitspieler
Gewinner
Verlierer

manche finden mich auch als Mensch sehr nett

Die Ballade von den Wörtern

(mit Schreibmaschinenbegleitung)

Am Anfang war das Wort
und sonst nichts

vielleicht
vielleicht
vielleicht
noch die Zeit

und als die Zeit verging
da kam der Mensch
und mit ihm
die Wörter

ich
du
er
wir
ihr
sie
sie
Mann
Frau
Haus
Kind
Berg
See
Wald
Wind
Graben
Brücke
Türe
Mauer

Liebe
Treue
Freude
Trauer
Und so
wie sich der Mensch vermehrte
vermehrten sich
die Wörter

sie wurden länger

Unterkunft
Eigentum
Oberlicht
jedenfalls
Gartenfreund
Schwergewicht

Einfamilienhaus
Doppelfalzziegel
hochachtungsvoll
Kleinkalibergewehr

Zyklotronbeschleuniger
Kadaververnichtungsanstalt
Dichlordiphenyltrichlormethylmethan
Humanmenopausalgonadotropin

aber sie wurden auch schwieriger

Menschheit
Menschlichkeit
völkerrechtlich
unverbrüchlich
Freiheit
Gleichheit
Gesellschaft
verfassungsmäßig

vaterländisch
heilig
göttlich
auferstanden

und mit der Zahl der Wörter
11 wuchs
die Schwierigkeit
sie zu verstehen

es ging nicht lange
da verstand kein Mensch mehr
alle Wörter

Wollschweber Bienenwolf Nasenfüßler Rüsselqualle
Saugbrummer
Urgrund Wesenheit Seinsweise Immanenz
Transzendenz
Primärkühlmittel Siedewasserreaktor
Aktivitätskonzentration Notstromdiesel Entsorgungspark
Phrenikusreiz Pleuritis Thorakozentese Pneumektomie
Exitus letalis

und als die Zeit verging
verstand man auch die einfachen Wörter
nicht mehr
und es kam
zu Mißverständnissen
zum Beispiel um das Wort
Frieden
(militärische Rhythmen, Kriegsmarsch)
Friiiiiiiiiiie – den!
(Schlacht zwischen Tasten, Beförderer und
Umschalter)
(folgt Rückzugsrhythmus)

und so verging
die Zeit

die Wörter sahen ein
sie hatten ihren Zweck
verfehlt
selten meinten zwei
die sie brauchten
dasselbe
die Wörter waren ein Mißerfolg 12
die Wörter waren ein Mißerfolg
die Wörter waren ein Mißerfolg

heute sind sie alt
bald sind sie tot
und es bleibt nichts
als die Zeit
und
das Wort
das Wort
            ist frei

(Blatt wird aus der Maschine gedreht)

Die Rede

13 Werte Versammlung!

Es ist für uns alle sonnenklar, daß die Probleme des öffentlichen Lebens heute den Horizont jedes Bürgers verdüstern. Der Wohlstand, der uns in den Schoß gefallen ist, ist ein zweischneidiges Schwert, das wir zwar mit offenen Armen empfangen haben, das sich aber immer mehr als Wolf im Schafspelz entpuppt. Dieses totgeborene Kind fischt im trüben, es ist an der Zeit, daß es über die Klinge springt. Man fragt sich nachgerade, wo die öffentliche Hand ihre Augen hat. Der große Fuß, auf dem sie lebt, ist zu einer richtigen Knacknuß angeschwollen, aber es ist eine Knacknuß, bei der der Schuß hinten hinausgeht. Anstatt diese bittere Pille zu schlucken, müssen wir ihr das Pferd unter dem Sattel wegschießen, mehr noch, sie im eigenen Blut ertränken. Aber immer wieder erweist sich der Amtsschimmel als das schwarze Schaf, das weder Fisch noch Vogel ist, sondern ein Buch mit sieben Siegeln, das uns Sand in die Augen streut.

Die Zeit ist gekommen, wo man den Heiligenschein der Verwaltung einmal auf Herz und Nieren prüfen sollte. Die Milch der frommen Denkungsart hat bisher nur leeres Stroh gedroschen, obwohl sie am längeren Hebelarm sitzt. Wann endlich wird dem Steuerfuß unter die Arme gegriffen? Dieses heiße Eisen ist zu einem regelrechten Wasserkopf geworden, den man wie eine Wanderniere von Dossier zu Dossier schiebt, anstatt ihm einen Stock zwischen die Beine zu werfen. Wann darf der Taubstummenverein ein Wörtchen mitreden? Es ächzt im Gebälk des Krankenkassenkonkordats, und auch der Invalidenverband macht keine großen Sprünge mehr. Wann wird die bedrohte Natur bei den Hörnern gepackt? Wenn wir der Motorbootfahrerei nicht bald einen

Strick spannen, dann sägt sich der Bodensee den Ast ab, auf dem er sitzt. Auch die schlechte Luft wird auf die lange Bank geschoben, trotzdem sie wie Pilze aus dem Boden schießt. An diesem Punkt hat jemand den verstorbenen Regierungsrat Pfändler in die Diskussion geworfen, aber diese Schwalbe macht noch keinen Sommer.
Der Stein der Weisen ist immer noch mit Vorurteilen 14
gespickt.

Dann ist noch ein saurer Apfel da, dem man auf die Beine helfen müßte. Die kalte Schulter der Exportverbände dreht unsern Produzenten eine lange Nase, und wer muß den Kopf herhalten? Das Qualitätsei, das sich ohnehin schon mit Händen und Füßen wehren muß, daß es nicht an die Wand gedrückt wird. Daß zur Abwechslung auch einmal das freche Maul der Händler seinen Gürtel enger schnallen könnte, daran denkt offenbar niemand. Und gerade hier sollte sich zuallererst zeigen, daß das Auge des Gesetzes Haare auf den Zähnen hat!

Der Riese

Personen
Mann
Frau
Briefträger

Mann und Frau sitzen auf zwei Stühlen vor einer Säule aus Holz, die, wie man annehmen muß, noch sehr viel weiter nach oben reicht, als auf der Bühne sichtbar ist. An der Säule ist ein gerahmtes Foto aufgehängt. Mann und Frau wickeln Wolle auf, er hält und sie wickelt.
Es läutet.
Beide erstarren. Sie blicken einander an, schauen dann in alle Richtungen, auch nach oben, und beginnen schließlich wieder zu wickeln, zuerst zögernd, dann zügiger, bis sie wieder im alten Tempo sind.
Es läutet zweimal.

Mann Aber –
gleichzeitig
Frau Das ist doch –
Sie blicken nochmals in alle Richtungen, auch lange nach oben, und beginnen langsam wieder zu wickeln, mißtrauisch, bis sie wieder im alten Tempo sind.
Es läutet dreimal.
Mann und Frau springen auf und gehen überall nachschauen. Zuletzt stehen sie vor der Säule und schauen nach oben. Nun schiebt sich ein riesiges Paket herein, übermannshoch. Mann und Frau sehen das Paket und schreien auf.

Briefträger *kommt hinter dem Paket hervor*
Guten Morgen.
Mann und Frau schreien nochmals auf. Was ist denn?
Mann will etwas sagen, getraut sich aber nicht.

Frau Sags ihm!

Mann Natürlich sag ichs ihm. Sie, ich sag Ihnen jetzt was.

Briefträger Ich bin doch der Briefträger.

Mann Er ist der Briefträger.

Frau Aber er kann –

Mann Aber Sie können doch nicht einfach hier hereinkommen. 16

Briefträger Ich habe ja geklingelt.

Mann Er hat geklingelt.

Frau Wir haben doch –

Mann Wir haben doch gar keine Klingel.

Briefträger Aber ich. Ich nehm immer selbst eine Klingel mit, für solche Fälle. *Er nimmt die Klingel aus der Tasche und läutet dreimal.* Ich habe Post für Sie.

Mann Für uns

gleichzeitig

Frau Für uns?

Briefträger *zum Mann* Für Sie. Für HERRN Groß.

Mann und Frau schreien auf. Was ist? Sind Sie nicht Herr Groß?

Mann Ganz im Gegenteil.

Briefträger Was soll das heißen?

Mann Wir heißen Klein. Herr und Frau Klein.

Briefträger Ach so. Aber hier im Haus wohnt doch ein Herr Groß.

Mann Ja, aber –

gleichzeitig

Frau Er ist –

Briefträger Was? Wohnt er nicht da?

Frau Er soll doch –

Mann Was ist denn in dem Paket?

Briefträger Weiß ich doch nicht. Was ist jetzt mit diesem Groß?

Mann und Frau schreien auf. Was haben Sie?

Frau Er darf doch –

Mann Mit HERRN Groß.

Briefträger Also Sie kennen ihn auf jeden Fall. Wohnt er nun hier oder nicht?

Frau Er muß doch –

Mann Das kommt darauf an.

Briefträger Worauf?

Mann Was in dem Paket ist.

Frau Wer es geschickt hat.

Briefträger Das geht Sie nichts an und mich nichts. Der Ab-
17 sender ist eine Uhrenfabrik.

Mann Was?

gleichzeitig

Frau Was?

Briefträger Eine Uhrenfabrik, aber das hat doch mit der Adresse von Herrn Groß –

Mann und Frau *tanzen um das Paket* Die Uhr ist da! Die Uhr ist da! Trallalla! Trallalla!

Briefträger Sie –

Mann und Frau Pssst! *Sie halten das Ohr ans Paket. Man hört es von innen ticken.*

Frau Hörst du?

Mann Sie ist da!

Briefträger Sie haben also auf das Paket gewartet?

Mann Wir doch nicht, aber Herr Groß!

Frau Er hat schon so lange auf seine Armbanduhr gewartet.

Briefträger Worauf?

Mann Auf seine Armbanduhr.

Frau Das muß die Armbanduhr von Herrn Groß sein.

Briefträger Diesen Arm möcht ich sehen.

Mann und Frau schreien auf. Sagen Sie, sprechen Sie immer so mit den Leuten?

Mann Wie denn?

Briefträger *schreit auf und sagt dann* So.

Mann Nein, nicht immer.

Frau Nur, wenn von Herrn Groß die Rede ist.

Briefträger Also Herr Groß wohnt hier.

Mann und Frau *strahlend* Ja.

Briefträger Dann sagen Sie mir, wie ich zu ihm komme.

Frau Das ist doch –

Mann Das ist nicht nötig. Wir können das Paket für ihn in Empfang nehmen.

Frau Ja, ja, sicher . . . Das machen wir immer so.

Briefträger Es tut mir leid, aber es steht darauf, Herrn Groß persönlich.

Frau Wir sind doch –

Mann Wir sind auch persönlich.

Briefträger Aber es ist eingeschrieben. Ich brauche seine
Unterschrift. 18

Mann Die kann ich auch.

Frau Er kann sie.

Briefträger Ich bitte Sie. Das ist Urkundenfälschung. Ist Herr Groß zu Hause?

Mann und Frau *schnell* Nein.

Briefträger Gut, dann schreib ich ihm eine Abholungseinladung und nehme das Paket wieder mit.

Frau Aber das –

Mann Ausgeschlossen.

Briefträger Wieso?

Frau Weil er doch –

Mann Herr Groß freut sich schon unheimlich auf seine Armbanduhr.

Briefträger Mir scheint eher, Sie freuen sich darauf. Tut mir leid. *Will das Paket hinausschieben, aber die beiden setzen sich drauf.* Oho.

Mann Das ist die Armbanduhr von Herrn Groß.

Frau Ihm seine.

Briefträger Solange er mir nicht unterschrieben hat, gehört sie noch dem Absender.

Mann Aber Herr Groß wird sofort unterschreiben.

Frau Er ist jeden Moment zurück.

Briefträger Ach so. – Was heißt das, jeden Moment? Fünf Minuten?

Mann Fünf? Höchstens drei.

Frau Herr Groß ist pünktlich.

Briefträger Gut, dann warte ich. Ist mir ehrlich gesagt lieber, als die Kiste wieder zurückzuschleppen. *Er zündet sich eine Zigarette an.*

Mann Er wartet.

Frau Gott sei dank. *Sie holt einen Staubsauger und saugt damit den Zigarettenrauch immer gleich ein.*

Briefträger Stört es Sie, wenn ich rauche?

Mann Uns nicht.

Frau Aber Herrn Groß.

Briefträger wirft die Zigarette weg.

19 *Mann tritt sie sofort aus.*

Frau saugt sie mit dem Staubsauger ein, stellt diesen dann ab und versorgt ihn wieder. Es ist ruhig, man hört immer noch das Ticken aus dem Paket, das nun allmählich etwas lauter wird.

Briefträger Sagen Sie, das mit der Armbanduhr war natürlich ein Witz?

Mann Aber wieso denn

gleichzeitig

Frau Er meint, es sei –

Briefträger Sie meinen wohl, ich trage zum erstenmal ein Paket aus. Wenn da drin eine Uhr ist, dann eine Standuhr oder ein Kirchenzifferblatt oder sowas.

Mann Nein, nein, das ist die Armbanduhr von Herrn Groß.

Frau Hat er sich extra machen lassen.

Briefträger Ist denn Herr Groß Gewichtheber?

Frau Du mußt ihm –

Mann Herr Groß ist einfach sehr groß. Verstehen Sie?

Briefträger Über zwei Meter?

Mann und Frau kichern und halten plötzlich erschrocken inne.

Mann Wir haben über ihn gelacht.

Frau Sie haben nichts gehört, nicht wahr?

Briefträger Wieso? Dürfen Sie das nicht?

Mann Wir wohnen doch bei ihm.

Frau Stricken ihm Socken.

Mann Besorgen den Boden.

Frau Putzen ihm die Schuhe.

Mann Und die Tischbeine.

Briefträger Und die Tischplatte?

Mann Das machen andere.

Frau Wir nicht.

Briefträger Wer denn?

Mann Die kennen wir nicht.

Briefträger Dann muß ja Herr Groß ungeheuer groß sein. Etwa so groß wie diese Säule.

Mann Welche Säule?

Briefträger Die da.

Mann Ah, das ist ein Tischbein.

Frau Der untere Teil davon.

Mann Das nächste sehen Sie dort hinten.

Briefträger Sie sind verrückt.

Frau Siehst du, wir sind verrückt. Ich hab es ihm auch schon gesagt.

Mann Du weißt nicht, wovon du sprichst. Haben wir bei ihm nicht unser Auskommen?

Briefträger Zahlt er gut?

Mann Wir haben zu essen.

Frau Alles, was von seinem Tisch herunterfällt, gehört uns.

Mann Und denken Sie an die Brotlaibe, die er verspeist. Da sind Brosamen ganze Butterschnitten.

Frau Wenns noch Fett dran hat.

Mann Oder wenigstens Speichel.

Frau Das ist häufiger.

Mann Alles, was er ißt, ist viel größer.

Frau Neulich wurde mein Mann von einer Olive fast erschlagen.

Mann Von dieser Olive haben wir fünf Tage lang gelebt.

Frau Und seither hat es nichts mehr gegeben.

Mann Aber wenn er die Armbanduhr sieht, gibt es sicher etwas Besonderes.

Frau Ein Festessen.

Briefträger Ach deshalb. Na, solange er nicht euch beide auffrißt –

Mann und Frau schreien auf. Was ist denn? Hat ers schon versucht?

Frau Sags ihm.

Mann Nein.

Frau Dann sag ichs ihm.

Mann Nein.

Frau Doch.

Mann Nein.

Frau Doch.

Mann Ich hab nein gesagt.

Frau Er hat nein gesagt.

Mann Das geht niemand etwas an.

21 Frau Auch Sie nicht.

Briefträger Gut, ich glaub, ich geh doch wieder. Herr Groß ist nicht gekommen. Hier ist die Abholungseinladung.

Mann Sags ihm.

Frau Wissen Sie, warum wir so erschrocken sind vorhin?

Briefträger Das interessiert mich nicht mehr.

Mann Bleiben Sie! Es ist eine längere Geschichte.

Briefträger Dann interessiert sie mich noch weniger.

Frau hat das Bild geholt.

Frau Mein Mann und ich, wir hatten doch zwei Kinder. Und –

Man hört den Riesen kommen.

Mann Er kommt.

Frau Herr Groß ist da!

Briefträger Na endlich.

Mann und Frau fallen auf die Knie.

Mann Verstehen Sie nicht?

Frau Herr Groß ist da!

Mann Sie müssen auf die Knie.

Briefträger Fällt mir nicht ein.

Frau Dann verstecken Sie sich.

Briefträger Wieso? Ich muß ja zu ihm.

Mann Hinknien oder verstecken!

Frau Hinknien UND verstecken!

Briefträger Ihr seid mir zwei Angsthasen.

Mann und Frau reißen ihn von dort weg, wo er steht, und schieben ihn hinters Paket, und mit gewaltigem Getöse kommen die Füße des Riesen dorthin zu stehen, wo der Briefträger war. Sie füllen etwa die halbe Bühnenhöhe, man sieht auch noch den Ansatz der Hosenbeine.

Briefträger *steckt den Kopf hinter dem Paket hervor* Ach so groß ist Herr Groß.

Mann Bleiben Sie hier, bis ich Sie hole.

Briefträger Aber –

Frau Tun Sie, was er sagt.

Mann und Frau holen eine Leiter, stellen sie an einem Schuh auf und beginnen zu putzen, sie mit dem Staubsauger, er mit einer riesigen Bürste, die er in eine riesige Schuhwachsbüchse taucht, alles Dinge, die sie aus der 22
Säule herausholen. Den Riesen hört man dauernd atmen und grunzen. Bald hört man das Brechen von Brot, das Einschenken von Flüssigkeit und ein ungeheures Schmatzen und Schlürfen, alles ins Riesenhafte dimensioniert. Dann prasselt ein Brosamenregen herunter.

Frau Brot!

Mann Putz schneller, dann können wir essen!

Sie putzen schneller. Oben wird weitergeschmatzt. Nun kommen Käsereste.

Frau Käse!

Mann Putz schneller!

Ein Stück fällt neben der Frau auf den Schuh.

Frau Rinde – wääh! *Wirft es weg.*

Briefträger *der langsam hervorgekommen ist* So, jetzt will ich zu Herrn Groß.

Mann und Frau Pssst!

Mann Sie dürfen erst zu ihm, wenn seine Schuhe geputzt sind.

Briefträger Das kann noch lange dauern. Herr Groß! Post für Sie!

Frau Aber er darf –

Mann Sie dürfen ihn doch nicht einfach anreden.

Frau Ohne daß seine Schuhe geputzt sind.

Briefträger Pflicht ist Pflicht! Herr Groß, Post für Sie!

Man hört den Riesen grunzen und knurren.

Mann Er wird nicht herunterkommen.

Frau Wir haben seine Hand erst zweimal gesehen.

Mann Schweig.

Briefträger Der kommt schon. Alle bekommen gern Post, auch Riesen. *Klettert auf das Paket hinauf und ruft nach oben* Herr Groß! Ein Päcklein!

Unter dem Aufschrei von Mann und Frau schiebt sich nun die Hand des Riesen herunter, ein riesiger Eisenhaken in einem Ärmel, und hängt sich in die Schnur ein.

Briefträger Aha, ein Kran.

Mann Das ist kein Kran.

Frau Das ist die Hand von Herrn Groß.

23 Briefträger Hoffentlich kann er damit unterschreiben.

Mann Nicht mitgehen!

Frau Sie sind jung!

Briefträger *winkt mit dem Quittungsbuch* Es ist eingeschrieben!

Die Hand mit dem Paket und dem Briefträger geht wieder hinauf. Mann und Frau hören angstvoll zu. Man hört, wie das Paket weit oben auf die Tischplatte gelegt wird, dann hört man einen gräßlichen Schrei des Briefträgers, verbunden mit Freßgeräuschen des Riesen. Mann und Frau zucken bis ins Mark zusammen, halten sich die Ohren zu und schauen weg, als nun die Mütze und blutige Fetzen der Uniform des Briefträgers herunterfallen. Nun hört man, wie das Paket ausgepackt wird. Das Tikken wird lauter.

Frau Und das wegen seiner Armbanduhr!

Eine gewaltige Explosion, grelles Licht, ein Schrei des Riesen, dann Finsternis und Folgen der Explosion, Umstürzen und Zusammenkrachen etc. Dann Stille. Das Ticken verstummt.

Mann Frau!

Frau Ja.

Mann Lebst du noch?

Frau Ich glaube. Und du?

Mann Könnt ich sonst »Frau« rufen?

Frau Mach Licht.

Mann Warte.

Er zündet eine Taschenlampe an, die stark genug ist, daß man erkennen kann, daß die Füße des Riesen umgestürzt sind. Darüber liegt ein Stück Tischplatte, und die Säule ist zusammengebrochen. Der Lichtstrahl trifft die Frau. Der Mann erschrickt.

Frau Ich bins doch. Wo bist du?

Mann *zündet sich von unten ins Gesicht* Hier.

Frau *erschrickt und sagt dann* Du?

Mann Was?

Frau Ich glaube, in dem Paket war keine Armbanduhr.

Mann Das glaub ich auch.

Frau Sonst würde Herr Groß nicht so daliegen. 24

Mann Als ob er tot wäre.

Frau Er ist tot. *Beginnt zu weinen.*

Mann Weine nicht. *Beginnt zu weinen.* Wir hatten immer zu essen.

Frau Wir hatten immer warm.

Mann Nie war er böse zu uns.

Frau Außer als er unsere Kinder fraß.

Mann Das tat er nicht aus bösem Willen.

Frau Nur aus Hunger. Er war ja so groß, der Gute.

Mann *hört auf zu weinen* Jetzt sind wir frei.

Frau *hört auf zu weinen* Du meinst –

Mann Jetzt sind wir frei. Wir können gehen.

Frau Du meinst, wir können einfach –

Mann Wir können gehen, wohin wir wollen.

Frau Wohin wir wollen?

Mann Wohin wir wollen.

Frau Aber – wohin wollen wir?

Mann Ja. Wohin wollen wir.

Sie rücken näher zusammen, lassen die Köpfe sinken und beginnen, wieder Wolle zu wickeln.

Der Schlag

Ein Lied, zu dem der Rhythmus auf zwei
Kartonschachteln getrommelt wird

25 Jetzt erzähle ich euch
die Geschichte eines Schlags!

Es war einmal ein Vater
der hatte einen Sohn
und der Sohn machte dauernd
denselben lauten Ton
der Vater sagt ihm dreimal
nun sei nicht so laut
bis er ihm schließlich
eine haut
Ach, tut das gut!
Weg ist die Wut!
jahahaha
weg ist die Wut
doch der Schlag
ist noch da

Der Sohn hat einen Bruder
kleiner als er
der spielt am selben Tag
mit seinem Cowboygewehr
der Große wills zurück
der Kleine wills nicht geben
der Große schlägt drein
und er trifft nicht daneben
Ach, tut das gut!
Weg ist die Wut!
Weg ist die Wut!
jahahaha
weg ist die Wut
doch der Schlag
ist noch da

Der kleine Bruder
bleibt der Schwächere im Zank
da schleicht er sich
zum Küchenschrank
er nimmt mit beiden Händen
den großen Suppentopf
und schmeißt ihn dem Schäferhund
über den Kopf
Ach, tut das gut!
Weg ist die Wut!
Weg ist die Wut!
jahahaha
weg ist die Wut
doch der Schlag
ist noch da

Nun bleibt der Schlag
eine Weile vergessen
vielleicht hat ihn der Hund
in sich hineingefressen
da reizt ihn ein Bursche
bis ihm der Faden reißt
und er ihn einfach
in den Unterschenkel beißt
Ach, tut das gut!
Weg ist die Wut!
Weg ist die Wut!
wauwauwauwau
weg ist die Wut
doch der Schlag
genau

Ein halbes Jahr danach
geht ein Direktor durch den Wald
mit seinem Schäferhund
und sieh da, es knallt
der Hund sackt zusammen
erschossen ist das Tier
27 wers getan hat, weiß keiner
keiner außer wir
Ach, tut das gut!
Weg ist die Wut!
Weg ist die Wut!
jahahaha
weg ist die Wut
doch der Schlag
ist noch da

Hier teilt sich unsere Geschichte auf
in einen ersten und einen zweiten Lauf.
Der erste Lauf:
Der Direktor kommt nach Hause
dort hat er einen Sohn
und der Sohn macht dauernd
denselben Ton
Der Direktor sagt ihm dreimal
nun sei nicht so laut
bis er ihm schließlich
eine haut
Ach, tut das gut!
Weg ist die Wut!
Weg ist die Wut!
glaubt unser Mann
und die Geschichte mit dem Schlag
fängt wieder an.

Der zweite Lauf:
Unser Herr Direktor
ist im Dienst Major
und knöpft sich beim Manöver
einen Hauptmann vor
der steckte trotz Verdunkelung
ein Streichholz in Flammen 28
und scheißt ihn zusammen
und scheißt ihn zusammen
Ach, tut das gut!
Weg ist die Wut!
Weg ist die Wut!
jahahaha
weg ist die Wut
doch der Schlag
ist noch da

Nun verschwindet der Schlag
denn der gerügte Offizier
wird später ein hohes
Generalstabstier
und was dort oben geht
ist leider geheim
aber ich, ich krieche euch
nicht auf den Leim
ich kenn doch den Schlag
ich kenn doch die Brüder
und in irgendeiner Form
da kommt er wieder
und in irgendeiner Form
da kommt er wieder
denn Schläge
Schläge
Schläge haben eben
die Halbwertszeit
von einem Menschenleben.

Friedrich, der Gerechte

Eine Celloballade

29 Jetzt kommt die Geschichte von Friedrich,
dem Gerechten,
jetzt kommt die Geschichte vom gerechten Fritz.
Versucht sie zu verstehen und den Friedrich nicht zu
ächten,
denn das Schicksal dieses Menschen ist kein Witz.

Eines Tages, als er in der Zeitung las,
daß man den wohlbekannten Kriegsverbrecher Haas
in allen Ehren freigesprochen hat,
und zwar in Friedrichs eigener Stadt,
da sprang er auf und gab dem Lehnstuhl einen Tritt
und schrie: Nein, da mach ich nicht mehr mit!

Ich will nicht sein,
wo der auch ist,
ich packe ein,
ich bin ein Christ,
ich wandre aus
mit Mann und Maus,
ich bin nicht dumm!

Und er zog um.

Er lud den Wagen bis zum Dache und gab Gas,
und er verließ die Stadt des Kriegsverbrechers Haas,
zog in die Nachbarstadt und fand dort, Gott sei dank,
eine gut bezahlte Stelle bei der Bank.
Es war die größte seines Landes,
doch da der Fritz im Besitz des Verstandes,
sah er leider außer Aktien und Valoren
auch die Konten fremder Diktatoren.

Da signierte er den letzten Kleinkredit
und rief dann: Nein, da mach ich nicht mehr mit!

Das ist nicht gut
und nicht gerecht,
es riecht nach Blut,
mir wird es schlecht, 30
heißt das denn nicht
pro Million
die Sanktion
für einen Mord?

Und er zog fort.

Er lud den Wagen bis zum Dache und fuhr los.
Doch als er tankte, wards ihm plötzlich dubios.
War das nicht Erdöl jener düsteren Gesellen
von den Konten mit den sechs bis sieben Stellen,
und kamen die denn nicht aus all den vielen Ländern,
in denen arm und reich sich niemals ändern?
Da gab Friedrich seinem Auto einen Tritt
und sagte: Nein, da mach ich nicht mehr mit!

Ich kauf kein Oel
und kein Benzin,
da ist der Beel-
zebub darin,
ich bin kein Schwein,
und laß es sein,
ich hab genug!

Und nahm den Zug.

Aber kaum war Friedrichs Schnellzug in Bewegung,
geriet der Friedrich in noch größere Erregung.
Er sah ein Schildchen oben an der Tür,
das sagte deutlich jedem Passagier,
daß der Wagen von derselben Firma stammte,

die auch Waffen in die ganze Welt versandte.
Da wurde Friedrich grau wie Eternit
und rief: Nein, da mach ich nicht mehr mit!

Lieber tot
am Grund der Themse,
31 zog die Not-
bremse,
ward zwar bleich,
doch zahlte gleich
die ganze Buß.

Und ging zu Fuß.

Und er wanderte verhältnismäßig heiter
und zog den Kragen, weil er schwitzte, etwas weiter
und fuhr zusammen, als er jetzt entdeckte,
daß das Hemd, in dem er steckte,
aus einem Land kam, wo es zählte, ob man schwarz war oder weiß,
da wurde es dem Friedrich drin zu heiß.

Er riß das Hemd
von seinem Leibe,
daß er rein
und sauber bleibe,
das war Dreck,
er warf es weg
und sagte: halt!

Und hatte kalt.

Von jetzt an gings dem Friedrich immer schlechter,
denn nun wurde er von Tag zu Tag gerechter.
Er merkte bald, daß seine Hosen nur deshalb so billig waren,
weil die Webereien einfach an den Fremdarbeitern sparen,

und das Leder seiner Schuhe war aus jenem fernen Land,
in dem der Kriegsverbrecher Haas so viele Freunde
wiederfand,
doch was ein Neger erst als Baumwollpflücker kriegt,
das ist Betrug!
Das dachte er, als er merkte, daß er Baumwollwäsche
trug.

Er zog sich aus
bis auf die Haut,
mied jedes Haus
und sagte laut,
es ist mir gleich,
ich werd nicht weich,
ich mache mit dem Unrecht keinen Pakt!

Und er war nackt.

Und nun begann er mächtig auszuziehn,
um möglichst rasch aus diesem Land zu fliehn,
vermied die Straßen, weil er nicht auf Asphalt treten
wollte,
drin das Blut von ein paar tausend armen Bergwerks-
kumpeln rollte.
Und von jetzt an ging er nur auf kleinen Wegen und
auf Pfaden,
da traf er in den Feldern ein Bataillon Soldaten,
die Manöver hatten, und er sah betreten:
Diese Leute üben hier das Töten!
Mit diesen teile ich den Boden nicht im Traum –
verschwand im Wald und schwang sich dort von Baum
zu Baum.
Bis man aus purem Zufall eine Tanne fällte,
auf die der Friedrich gerade schnellte
und man ihm sagte, diese Tanne werde später zu Papier,
und das brauche man für ein Verteidigungsbrevier
gegen Wühler und Nudisten oder andere Verhexte,
und die Waldarbeiter schwangen ihre Äxte –

da machte Friedrich keine weitern Tänze
und sprang im Laufschritt an die Grenze.

Und als er keuchend an der Grenze ankam, stieg er
abermals auf einen Baum und schaute hinüber
ins andere Land.
33 Und er sah, daß drüben dieselben Banken waren,
dieselben Tankstellen, dieselben Schnellzüge,
dieselben Kleider, dieselben Soldaten,
dieselben Leute.

Erlaßt mir, Friedrichs Trauer zu beschreiben.
Er beschloß, nun nirgendwo zu bleiben,
sich keiner Macht mehr zu verdingen,
und hüpft seither in langen Sprüngen,
damit er nicht am Boden schuldig werde,
nackt auf den Grenzen unsrer Erde
von Niemandsland zu Niemandsland.
Er nimmt kein Geld mehr in die Hand,
er ißt nicht mehr,
er trinkt nicht mehr
und spricht auch nicht dabei.

Er ist frei.

Das war die Geschichte von Friedrich, dem
Gerechten,
das war die Geschichte vom gerechten Fritz.
Versucht sie zu verstehen und den Friedrich nicht
zu ächten,
denn das Schicksal dieses Menschen ist kein Witz.
Wenn ihr ihn trefft, behandelt ihn mit Schonung
und offeriert ihm doch ein Bett in eurer Wohnung.
Er wird nicht kommen, weil die Gänse, die die
Daunenfedern gaben,
sich auf Kosten eines Hungerkindes vollgefressen
haben,
darum legt euch selber in das Bett,

und ich hoff, ihr träumt recht nett
von Friedrich, dem Gerechten, ja von dem,
ich finde, dieser Mann verdient Respekt,
denn die Moral ist für uns Ungerechte sehr bequem:

Wer gerecht sein will, verreckt.

Vom Mann, der durch die Wüste ging

(mit Cellobegleitung)

35 Kennt ihr die Geschichte
vom Mann, der durch die Wüste ging
vom reichen, reichen Mann?
Mit der man die Gerüchte
daß Geld allein schon glücklich macht
sofort zerstreuen kann?

Er ging
er ging
er ging so vor sich her
stundenlang
tagelang
wochenlang
und konnte fast nicht mehr.
Immer nur Wüste, Wüste, Wüste
nichts, das ihm die Wüste versüßte
keine Oase, kein Brunnen, kein Wasser
nicht einmal ein Lappen, ein nasser
kein Wind und kein Sturm, keine drohenden Wolken
kein Trester, kein Schnaps, weder Milken noch Molken
kein Regenpfeifer, kein Wasserstandspegel
kein Grottenolm, keine schleimigen Egel
kein Kugelblitz und keine Hydranten
keine dämlichen, Apfelsaft schlürfenden Tanten
kein Weib, keine Frau und kein Kind und kein Sohn
in der ganzen Wüste kein einziger Ton
sondern immer nur Dünen, Dünen, Dünen
nichts zum ihn mit den Dünen versühnen
denn Coca gabs nicht und auch Cola gabs nicht
keine Freiburgerkuh, auf das Melken erpicht
keine Bierbrauerswitwe, kein Flaschengestell
keinen Eisberg, kein glänzendes Seelöwenfell

weder Gletscherstürze noch Wasserfälle
und nicht einmal eine tragbare Quelle!
Und die Sonne war heiß
und die Wüste war groß
und der reiche Mann
war nackt und bloß
die Schuhe verloren 36
die Hosen verloren
den Sonnenbrand
bis über die Ohren
eine Zunge wie Stein
die Moskitos am Bein
einen Durst wie ein
ganzer Gesangverein –

Da sah er plötzlich
schon halb gebraten
mitten in der Wüste
einen schönen
        großen
        blanken
        schlanken
        herrlichen
        gar nicht gefährlichen
        hehren
        rektangulären
        eher prismatischen
        ganz sympathischen
                                        Automaten.

Co – ca – Co – la – Co – ca – co – la – Cocacola
    cocacola etc. *(Tanz auf diese Laute)*

Der Reiche vor Freude und Jubel ganz weg
zückte den Füller und schrieb einen Scheck
steckte den Scheck wie der Blitz
in den Schlitz.
Lautend auf einen Franken
auf jeder beliebigen seiner Banken.

Auf jeder beliebigen seiner Banken!

Dem Automaten waren die Banken egal.
Er war aus Stahl.
Wenn ein Franken fiel, dann machte er »klick!«
doch der Reiche hatte kein Kleingeld bei sick.
37 Er schrieb einen Scheck auf fünfzig, auf siebzig
auf hundert sogar, aber nichts begibt sich.
Jetzt wurde es ihm in den Ohren schon sausend
er schrieb einen Scheck auf blanke Tausend
verzweifelt schrieb er: EINE MILLION!
Doch was hat er davon? Doch was hat er davon?
Keine Coca-Cola
nicht einen Schluck
und hinten im Hals
einen würgenden Druck.
Da sank er, ohne zum Abschied zu grüßen
dem Automaten kraftlos zu Füßen
der arme Reiche –

und war eine Leiche.

Jetzt kennt ihr die Geschichte
vom Mann, der durch die Wüste ging
vom reichen, reichen Mann.
Die Wahrheit auch, die schlichte
daß Geld allein nicht glücklich macht
nicht glücklich machen kann.
Lalalalaaaa!

Es sind alle so nett

Kürzlich zogen wir um 38
aus dem Dorf in die große Stadt
in der Weite schimmert statt den Bergen
das Einkaufszentrum Glatt.
Jetzt wohnen wir wieder bei den Leuten
wo der Nachbar nach dem Nachbarn hascht
man sieht uns in die Küche, in die Stube
aber etwas hat uns überrascht
Es sind alle so nett
Es sind alle so nett
wirklich, da sagt man immer, man
könne nur auf dem Land persönlich leben
Es sind alle so nett
das sagen nur die, die in der
Stadt keine Wohnung gefunden haben
Es sind alle so nett
ist ein pures Vorurteil
Es sind alle so nett

Manchmal mach ich ein Ding ab
das kann die Familie nicht freun
Muß das sein mit diesem Stuttgart
sagt die Frau und schaut traurig drein.
Weißt du, sag ich, und hüstle
es ist einfach nicht anders gegangen
die haben mir *so* lieb geschrieben
die würden sonst fürchterlich hangen
Es sind alle so nett
Es sind alle so nett
Du kennst ja den Rainer Otto und
seine Pfeffermüller, die haben oft
genug angerufen

Es sind alle so nett
und auch wenn Du das Publikum hier
sehen würdest
Die sind alle so nett
und schließlich muß man den Leuten
hier zeigen, daß auch der Kapitalismus
39 seine Kabarettisten hat, und gerade die
Sind alle so nett

Ich war in Gösgen zum Demonstrieren
Gösgen ist unser Atomkraftwerk...
wir haben auch eins!
Ich war in Gösgen zum Demonstrieren
weil ich gegen Atomkraft bin
drauf bitten mich die Kernkraftherren
zum Besuch in ihrem Tempel hin.
Sie führen mich rum, und ich finde
das sei alles ein großer Mist
sie finden das allerdings gar nicht
aber was das Erstaunlichste ist
Es sind alle so nett
Es sind alle so nett
wirklich, sind doch Familienväter
wie du und ich
Es sind alle so nett
sind sogar Skilangläufer und Wildwasserfahrer
Es sind alle so nett
wissen wirklich, was Natur ist
Es sind alle so nett

Ich hab mich damit beschäftigt
wem unser Land im Grund gehört
und bin auf paar Namen gestoßen
das hätte mich noch nicht gestört
aber dann traf ich einmal persönlich
ein paar dieser ehrenwerten
und mächtigen Herren, ich sag euch
es ist wirklich zum wahnsinnig werden

Es sind alle so nett
Es sind alle so nett
grüezi, Herr Doktor, gueten Obe,
Herr Diräkter
Es sind alle so nett
haben sogar Sachen von mir gelesen
Es sind alle so nett
und singen mit mir zusammen den Refrain
Es sind alle so nett

Letzthin träum ich tatsächlich
ich hoffe, es wird nie wahr
man hab mich zum Tod verurteilt
als eine zu große Gefahr.
Doch das Schlimmste, kurz vor dem Köpfen
ist die Runde, die freundlich nickt
von Staatsanwalt, Richter und Henker –
kein Feind, ich werd verrückt
Es sind alle so nett
dürfen wir Ihnen diese Binde um die
Augen legen?
Es sind alle so nett
haben Sie noch einen letzten Wunsch?
Es sind alle so nett
ah, Sie sind Nichtraucher
Es sind alle so nett
dann legen Sie jetzt bitte Ihren Kopf
auf diesen Pflock da
Es sind alle so nett, so nett, so
unheimlich, so entsetzlich, so grauenhaft
NEEEEEETTT!

Terroristen

41 sind unglückliche Menschen
sind die nicht irgendeinmal
irgendwie zu kurz gekommen
und müssen
sagen wir
die Liebe
die ihnen lange Zeit gefehlt hat
als Haß verkleidet
auf sich ziehen?
    aber Terroristen
    sind ja selten

Generäle
sind unglückliche Menschen
die sitzen doch so hoch
daß niemand mehr mit ihnen spricht
im Sinn von sprechen
da wird bloß mitgeteilt
erlassen und befohlen
und
weitergeleitet
    aber Generäle
    sind ja auch sehr selten

Priester
sind unglückliche Menschen
sie dürfen nur den Menschen lieben
aber niemals einen Menschen
und auch der liebe Gott
läßt sich nicht streicheln
    aber Priester
    ist ja auch nicht jedermann

Metzger
sind unglückliche Menschen
sie üben ihre Liebe
zur Todesstrafe
täglich aus
das muß doch Gründe haben
und auch Folgen
    aber Metzger
    ist ja als Beruf nicht allzu häufig

Geologen
sind unglückliche Menschen
ihre Liebe gilt dem Stein
sie dissertieren in der Öde
wo sie wochenlang allein in Zelten hausen
und später werden sie dann zugezogen
im Zusammenhang mit Katastrophen
    aber Geologen
    gibt es schließlich nicht so viele

Taxifahrer
sind unglückliche Menschen
den, der dumm fährt oder falsch
verachten sie
somit die meisten
sie können den nicht leiden
der ihnen in die Quere kommt
mit andern Worten alle
    aber Taxifahrer
    ist nicht jeder zweite

Lehrer
sind unglückliche Menschen
oder kann man dauernd
das Urbild des Menschen im Kopf tragen
ohne am täglichen Abbild zu verzweifeln?
    aber Lehrer gibt es –

    immerhin

Zahnärzte
sind unglückliche Menschen
die Löcher, die sie bohren
haben sie im Kopf
und suchen sie zu stopfen
mit Kunst und Geld und Segelbooten
    aber Zahnärzte
    tja
    Zahnärzte

Kaufmännische Angestellte
sind unglückliche Menschen
sie rechnen ständig Summen aus
die ihnen nicht gehören
und schmieren ein Getriebe
von dem sie nicht einmal
den Motor kennen
    aber kaufmännische Angestellte
    doch
    kaufmännische

Hausfrauen
sind unglückliche Menschen
die Kinder wollen nicht so sein wie sie
und sie nicht wie die Kinder
und müssen trotzdem stets beisammen sein
und abends kommt der Mann
    aber Hausfrauen

Männer
sind unglückliche Menschen
sie müssen
um die Hausfraun in ihr Glück zu stoßen
Zahnarzt werden
oder Angestellter
oder Lehrer
oder Taxifahrer
oder Geologe
oder Metzger
oder Pfarrer
oder General

ODER
ist es nur
ein Zufall
daß wir nicht allesamt
zu Terroristen werden?

Die Rückeroberung

Eines Tages, als ich an meinem Schreibtisch saß und zum Fenster hinausschaute, sah ich, daß sich auf der Fernsehantenne des gegenüberliegenden Hauses ein Adler niedergelassen hatte. Ich muß dazu sagen, daß ich in Zürich wohne und daß Adler bei uns nur in den Alpen vorkommen, am nächsten von hier vielleicht in den Bergen von Glarus, etwa 50 Kilometer von der Stadt entfernt. Trotzdem war ich sicher, daß dies ein Adler war, seine erstaunliche Größe, die herausfordernde Haltung des Kopfes wiesen mich an jenen ausgestopften Vitrinenvogel im Schulhaus meiner Jugend zurück, an dem wir auf dem Weg zur Turnhalle immer vorbeigehen mußten und der auf einem Kartontäfelchen mit »Steinadler« angeschrieben war. Es war für mich ganz klar, daß da drüben auf der Antenne des Nachbarhauses ein Steinadler saß. Vielleicht, dachte ich, ist er aus dem Zoo entkommen oder aus einer Volière, aber dann fiel mir ein, daß ja diesen Tieren meist die Flügel gestutzt werden, so daß sie nur noch ein paar armselige Hüpfer machen können. Und wenn er sich verirrt hat, dachte ich weiter, das kann doch einem Tier auch einmal passieren, doch ich hatte sofort das Gefühl, daß das dem Tier dort drüben nicht passieren konnte. Auch daß es sich einfach auf eines der Häuser setzte, kam mir merkwürdig vor. Vorher lebten wir einige Jahre auf dem Land, und da ärgerte ich mich immer, daß die Mäusebussarde, die ich hoch oben schweben sah, nie in unsern Garten kamen, um die Mäuse zu fressen, und ich hörte dann, daß Raubvögel die Nähe der Häuser scheuten; auch die Stange, die ich ihnen weit vom Haus weg hingestellt hatte, verschmähten sie, während Jahren hatte sich kein einziges Mal einer heruntergewagt, und nun saß auf dem gegenüberliegenden Dach, inmitten von andern Dächern, ein Steinadler und schaute, den Kopf leicht schräg, auf die Straße hinunter, wo ihn noch niemand bemerkt zu haben schien.

Ich beschloß, meine Frau zu rufen und ging einen Stock tiefer, in die Familienwohnung, aber als wir zurückkamen, war der Adler verschwunden. Hoch über dem
Hotel International, das von meinem Fenster aus sicht- 46
bar ist, glaubte ich ihn kreisen zu sehen, aber meine Frau hatte recht, wenn sie sagte, das könne ebensogut ein Bussard sein oder sogar eine Möwe. Als er ein paar Wochen später zurückkam, war ein zweiter Adler mit ihm, und zusammen begannen sie nun auf dem Nachbarhaus ein Nest zu bauen, zwischen dem Antennensockel und dem Kamin, an welchen sich eine kleine Kuppel anschließt, an der geborgensten Stelle des Daches. Die Nachbarn, die nicht wußten, wie sie sich verhalten sollten, ließen sie vorerst gewähren, und innert kurzer Zeit war ein Horst entstanden, in dem nun dauernd einer der beiden Adler saß, während der andere Jagd auf Mäuse, Eichhörnchen und kleine Katzen machte.

Natürlich erregten die Vögel ziemliches Aufsehen, um so mehr, als sie nicht die einzigen blieben. Aus der ganzen Stadt trafen Meldungen von neu angelegten Adlernestern ein, der ornithologische Verein erstellte ein Verzeichnis, das er laufend nachführte, die Biologen beschäftigten sich mit der plötzlichen Veränderung in den Gewohnheiten dieser seltenen Tiere und fanden keine Erklärung dafür. So schnell, sagten sie, wechsle in der Tierwelt normalerweise kein Lebewesen seine angestammte Umgebung. Die Leute wurden ermahnt, zu ihren kleineren Haustieren gut Sorge zu tragen, Hunde, wenn möglich, an die Leine zu nehmen und Meerschweinchen und Kaninchen nicht in offenen Gehegen herumlaufen zu lassen. Im übrigen beschloß man aber von seiten der Stadtbehörden, die Adler zu tolerieren, da es sich zeigte, daß sie sich nicht zuletzt auch von Ratten ernährten, von denen es in unserer Stadt mehr als genug gibt.

Schon hatte man sich daran gewöhnt, daß auf der

Straße plötzlich ein Adler neben einem zu Boden gehen konnte, um eine streunende Katze zu Tode zu beißen, als ein neuer Vorfall die Leute beunruhigte. An einer Ampel am Bellevue, das ist einer der verkehrsreichsten Plätze Zürichs, wurde eines Morgens ein Hirschgeweih gefunden. Dieses Hirschgeweih, da war kaum ein Zweifel möglich, war in derselben Nacht abgestoßen worden, und es war nicht irgendein Hirschgeweih, sondern eines mit vierundzwanzig Enden. Eine Nachfrage bei den schweizerischen Wildhütern ergab, daß der größte bekannte Hirsch im Bann Beverin lebte und ein Zweiundzwanzigender war. Der Bann Beverin liegt im Kanton Graubünden, und die Hirsche gehören bei uns zu den Tieren, die sich im Lauf dieses Jahrhunderts fast gänzlich aus dem Mittelland zurückgezogen haben. Da aber niemand diesen Hirsch beim Abstoßen beobachtet hatte und er auch in den nächsten Tagen und Wochen nirgends gesehen wurde, weder in der Stadt noch in den paar Wäldern der Umgebung, nahm man zuletzt an, das Geweih sei von jemandem dort hingelegt worden, der es kurz zuvor irgendwo in den Bergen gefunden haben mußte und offenbar nicht über dessen hohen Wert im Bilde war.

Deshalb rechnete auch niemand mit dem, was etwa drei Monate später, an einem der ersten Sommertage geschah. Ein Morgenspaziergänger rief um 4 Uhr früh bei der Polizei an, in der Parkanlage beim Bürkliplatz hielten sich eine Anzahl Hirsche auf und versperrten die Fußwege. Zwei ausrückende Polizisten fanden diese Angabe bestätigt und lösten einen Großalarm aus, denn sie sahen, daß sich nicht nur einzelne Hirsche zwischen den Büschen bewegten, sondern daß es sich um eine ganze Herde handeln mußte, deren genaue Größe schwer auszumachen war, sie konnte aber ohne weiteres in die Hunderte gehen. Die Parkanlage wird auf der einen Seite durch das Seeufer begrenzt, auf der andern durch zwei breite Straßen, und so entschloß sich die Polizei nach Rücksprache mit dem Zoodirektor, den Park abzusperren, um dann die Tiere einzeln einzufangen oder abzuschießen. In aller Eile wurden große Rollen elektrischer Drähte herbeigeschafft, wie man sie zum Einzäunen von Kuhweiden braucht, und als gegen 7 Uhr der Morgenverkehr anzurollen begann, war die gesamte Parkanlage mehrfach mit geladenen Drähten vor den Hirschen gesichert, welche in größter Ruhe, mit gleichmäßig mampfendem Geräusch Rasen, Blumenbeete und Bäume abfraßen. Während man sich das weitere Vorgehen überlegte, stieß gegenüber vom Kongreßhaus ein riesiges Tier mit seinem Geweih die Drähte hoch und zerriß sie mit einem Ruck, ohne dabei den geringsten Schaden zu nehmen. Dieses Tier war der Vierundzwanzigender, der nun an der Spitze der ganzen Herde auf die Straße hinaustrabte, dem Bellevue entgegen.

Niemand wußte, wie man diesen Hirschen beikommen konnte. Scharfschützen waren aufgeboten, Wildhüter und Jagdaufseher kamen dazu, aber inmitten der dichtbelebten Straßen war an ein Abschießen gar nicht zu denken, und die Herde hielt sich nur an dichtbelebte Straßen, sie überquerte, von Fahrzeugen der Polizei gefolgt, das Bellevue und ging nachher gemächlich den Limmatquai hinab. Die Verwirrung war groß. Die Tramwagen stauten sich, ohne daß sich die Passagiere getrauten auszusteigen, die Automobilisten versuchten ihre Wagen auf das Trottoir zu steuern, einige ließen angesichts der nahenden Herde ihr Auto mitten auf der Straße stehen und flüchteten in einen Hauseingang, andere kurbelten ihre Scheiben hoch und blieben sitzen, sie verschwanden in den Tieren wie ein Stein in den Fluten. Eine eigenartige Stille begleitete den ganzen Zug. Überall wurden die Motoren abgeschaltet, und man hörte nur das Schleifen und Scharren der vielen hundert Hufe auf dem Asphalt, ab und zu splitterte eine Scheibe, oder Autokarosserien wurden angekratzt, doch die Leute verhielten sich mucksmäuschenstill. Polizisten eilten zu Fuß der Herde voraus und versuchten die Leute vorzuwarnen, vom Einsatz von Lautsprechern sah man nach dem

Rat des Zoodirektors ab, um durch den Lärm keine Panik unter den Hirschen zu verursachen, denn ein Durchbrechen der Herde war das, was man am meisten fürchtete. Die Erwartung, daß sich die Hirsche wieder einen Weg aus der Stadt heraus suchen würden, um in irgendeinen der umliegenden Wälder zu gelangen, erwies sich
49 als falsch, die Route, welche die Tiere wählten, sah viel eher nach einer Stadtbesichtigung aus. Beim Central bogen sie abrupt nach rechts ins Niederdorf ein, welches sie beim Predigerplatz wieder verließen, um sich, nachdem sie das wenige Grün beim Pfauen abgefressen hatten, erneut nach rechts zu wenden, die Rämistraße hinunter, zum zweitenmal das Bellevue überquerten und sich dann nicht dem Üetliberg zu bewegten, wie alle hofften, sondern bei den Stadthausanlagen nach rechts in die Bahnhofstraße einschwenkten. Am Paradeplatz verriegelten die Großbanken ihre Portale, die Bijoutiers und Pelzhändler ließen die Rolläden über ihre Türen rasseln und blickten angstvoll aus den Schaufenstern auf die braunen Leiber, die sich unaufhaltsam vorbeidrängten und die Straße in ihrer ganzen Breite ausfüllten. Bereits hatte man mit der Abschrankung der Bahnhofunterführungen begonnen und das große Sperrgitter des Hauptbahnhofs gezogen, als die Herde beim Modissa-Haus überraschend nach rechts abbog, der Rudolf-Brun-Brücke zu. Wenig später – die ersten Tiere waren gerade unter der Brücke bei der Hauptwache durch – setzte ein Platzregen von großer Stärke ein, der die Herde mit einemmal zum Stehen brachte.

Der Vierundzwanzigender, welcher ständig die Spitze der Herde innehielt, hob den Kopf in die Höhe, schaute sich um und strebte dann in leichtem Trab dem Parkhaus Urania zu, wohin ihm alle andern Tiere folgten. Das war eine unerwartet günstige Entwicklung. Sobald die Hirsche drinnen waren, wurden Ein- und Ausfahrt der Parkgarage mit Lastwagen verbarrikadiert, so daß die Herde gefangen war.

Der Entscheid zu schießen wurde sehr rasch ge-

troffen. Über die Lautsprecheranlage wurden die gerade im Parkhaus befindlichen Leute aufgefordert, unbedingt in ihren Wagen zu bleiben und dem Ein- und Ausgangstor fernzubleiben, etwas, das übrigens, den gegen außen dringenden Schreien nach, nicht allen gelang, und nun postierte man schräg gegenüber der Ein- und Ausfahrt
mehrere Polizeisoldaten mit Maschinengewehren, die 50
durch die besten Scharfschützen des städtischen Korps verstärkt wurden. Man wartete das Ende des Regens ab, dann fuhren die Lastwagen von den Toren weg, und eine Knallbombe wurde ins Parkhaus hineingeworfen. Die Detonation tat ihre Wirkung. Mit einem mächtigen Sprung setzte der Vierundzwanzigender aus dem dritten Stock des offenen Rundaufgangs hinaus, und die ganze Herde folgte ihm in so kurzer Zeit, daß es den sofort ihren Standort wechselnden Scharfschützen nur gelang, den einen oder andern Hirsch abzuschießen, aber ein Maschinengewehreinsatz kam wegen der in die Schußlinie geratenden Häuser am Lindenhof nicht in Frage. Eine einzige Hirschkuh verirrte sich in den unteren Ausgang und wurde von einer zornigen Garbe erfaßt, zugleich mit der Tanksäule, so daß sich das Blut des erlegten Tieres mit dem auslaufenden Öl zu einer rotbraunen Lache vereinigte.

Wie nach einem Plan löste sich nun aber die Herde auf und zog in Grüppchen von drei oder zwei Hirschen durch die ganze Stadt, viele Hirsche waren auch allein unterwegs. Die Bilanz dieses Morgens war nicht gut. Erschossen worden waren nur elf Tiere, die Gesamtzahl schätzte man auf mindestens dreißigmal so viel; zudem waren vier Personen im Parkhaus verletzt worden, eine davon, eine Frau, welche von den Hirschen zertrampelt worden war, lebensgefährlich.

Da die Hirsche die Stadt nicht mehr verließen oder, wenn sie es einmal taten, nach kurzer Zeit wieder zurückkehrten, wurde nun eine Spezialeinheit der Polizei zur Hirschbekämpfung gebildet. Das war eine äußerst heikle Aufgabe, vor allem weil der Gebrauch der Schußwaffe selten ohne Gefährdung von Menschen möglich war. Man schickte deshalb einige Männer nach Amerika, wo sie von Cowboys im Lassowerfen ausgebildet wurden. Aber auch ihnen gelang es nicht, die Hirsche aus der Stadt zu vertreiben. Man gewöhnte sich einfach an das Bild eines durch eine Einbahnstraße preschenden Hirsches, der zu Pferd von einem lassoschwingenden Polizisten verfolgt wurde.

Das hat auch etwas Schönes, gewiß, und auf eine Art ist es eine Bereicherung des Stadtlebens, aber irgendwie ist mit diesen Tieren auch der Schrecken wieder eingezogen. Das Schreien einer Katze zum Beispiel, die sich gegen den tödlichen Zugriff eines Adlers wehrt, ist fast nicht auszuhalten. Wer an einem Herbstmorgen von den tiefen und unnachgiebigen Brunstrufen der Hirsche aus dem Schlaf gerissen wird, welche von den Häuserfronten wie von Felswänden widerhallen, der bleibt wach für diesen Tag, und wo immer in der Stadt zwei Hirsche aufeinander losstürzen und sich mit krachenden Geweihen ineinander verkeilen, ist die Straße augenblicklich leer.

Jedenfalls hielten sich Adler und Hirsche bis zum Herbst, und als der Winter kam, blieben sie erst recht, sie zogen sogar neue Gäste nach sich.

Beim Hirsch, der an einem nebligen Vormittag in der Mitte des Hardturmstadions gefunden wurde und von dem außer Haut und Knochen nur noch die blutigen Innereien dalagen und den Schnee ringsum rot färbten, dachte man zuerst, er sei von Hunden angefallen worden, aber als der Kantonstierarzt die Spuren sah, wurde er unsicher und ließ einige Biologen kommen. Gemeinsam studierten sie nun den Schauplatz und gaben dann ihren Bescheid bekannt. Diese Spur, sagte der Kantonstierarzt, während das Biologenteam hinter ihm düster zu Boden blickte, stammt vom Wolf, und wir haben es hier nicht mit einem einzelnen Wolf zu tun, sondern mit einem ganzen Rudel.

Es dauerte eine Weile, bis zum erstenmal ein Wolf gesehen wurde, lange Zeit traf man immer nur ihre Spuren an. Offenbar hatten sie es auf die Hirsche abgesehen, denn der Hirsch vom Hardturmstadion blieb nicht der einzige, etwa alle zwei bis drei Tage fand man irgendwo in der Stadt ein ähnlich zugerichtetes Tier. Die ersten, die dann die Wölfe zu Gesicht bekamen, waren die Kinder aus der Schulklasse meines achtjährigen Buben. Als sie an einem Morgen in der Turnstunde am Waldrand des Käferbergs schlittelten, waren die Wölfe plötzlich da und stürzten sich auf den hintersten der Gruppe, den Sohn eines Jugoslawen. Er habe nur einmal geschrien, sagte die Lehrerin, die vor Entsetzen außer sich war, anscheinend hatten ihm die Wölfe gleich die Halsschlagader durchgebissen. Als die Polizei eintraf, konnte sie nur noch der Blutspur folgen, die zur Nähe des Waldweihers führte. Dort lag das, was die Wölfe von Ilja übriggelassen hatten, die Wölfe selbst aber waren verschwunden und konnten auch von den eingesetzten Hunden nicht aufgetrieben werden, ihre Fährte verlor sich beim Friedhof Nordheim.

Von nun an herrschte in Zürich der Ausnahmezustand. Nicht, daß er ausgerufen worden wäre, aber er war da. Die Schulen begannen zusammen mit den Eltern, den Schulweg der Kinder so zu organisieren, daß immer gruppenweise in Begleitung von Erwachsenen gegangen wurde, den wehrpflichtigen Männern wurde auch gestattet, mit entsichertem Sturmgewehr die Kindergruppen zu begleiten. Mein Sohn war zutiefst verstört durch das Ereignis, das seine Klasse getroffen hatte, er beruhigte sich erst etwas, als ich ihm ein großes Pfadfindermesser kaufte, das ich ihm bislang verweigert hatte, weil es mir zu gefährlich schien. Dieses Messer gürtete er sich nun immer um, wenn er mit den andern Kindern zur Schule ging, wo übrigens eine Stellvertreterin unterrichtete, denn die Lehrerin hatte einen solchen Schock erlitten, daß sie wochenlang vor keine Klasse mehr treten konnte.

Die Behörden unternahmen jetzt große Anstrengungen, um dieses sonderbare Geschehen in den Griff zu bekommen. Daß jedes Jahr ein paar Kinder unter den

Autos starben, daran hatte man sich gewöhnt, das war eben ein möglicher Tod in der Stadt, aber daß Kinder von Wölfen zerrissen werden, das sollte nicht vorkommen, nicht in einer Stadt wie Zürich. Die Bevölkerung wurde aufgefordert, Vorschläge zu machen, die von einem Krisenstab geprüft wurden, man gab für Inhaber eines Jagdpatentes sämtliche Wölfe zum Abschuß frei, und auch die Adler und Hirsche, denn man hatte eingesehen, daß diese Erscheinungen alle zusammenhingen, man appellierte zugleich an die Schützen, nur dann zu schießen, wenn mit Sicherheit kein Menschenleben gefährdet wurde. Daraufhin besserte sich die Situation etwas. In kurzer Zeit wurden mehr Tiere erlegt, als die Spezialeinheiten bisher zur Strecke gebracht hatten, und auch was man nicht zu hoffen gewagt hatte, trat ziemlich rasch ein. Es gelang nämlich, das Wolfsrudel in eine Falle zu locken. Man hatte einen verwundeten Hirsch in eine Sackgasse im Friesenbergquartier gestellt, wo man ihn mit genügend Futter zurückhalten konnte, und tatsächlich erschien gegen Morgen das ganze Rudel Wölfe und machte sich über ihn her, so daß die Maschinengewehrschützen, die der Straße entlang in den oberen Stockwerken der Reihenhäuser Stellung bezogen hatten, die Tiere ohne Mühe erschießen konnten. 33 Wölfe waren es, die innerhalb einer knappen Minute mit aufgerissenen Schnauzen am Boden lagen. Zürich atmete auf, der Forstbeamte, der diese Idee gehabt hatte, erhielt Hunderte von Telegrammen und Anrufen mit Gratulationen, am Abend war die Stadt in festlicher Stimmung, es gab Freinacht, und in vielen Restaurants wurde gratis Bier ausgeschenkt.

Am andern Morgen mußte der Flughafen gesperrt werden, weil auf der Kreuzung zwischen der Start- und der Landepiste ein halb aufgefressener Hirsch lag. Die Untersuchung ergab: Es waren Wölfe.

Von da an begann man sich langsam darauf einzurichten, daß man diese Tiere möglicherweise nicht loswerden konnte, sondern irgendwie mit ihnen leben mußte. Wo sie herkamen, wußte man nicht, sie wurden nirgends vermißt, und es wurde auch keine andere Stadt von ihnen heimgesucht, weder in der Schweiz noch sonstwo in Europa, Zürich war ganz allein betroffen, und niemand wußte warum.

Der erste Bär tauchte gegen das Frühjahr auf. Er lief durch die Bahnhofsunterführung, welcher man den Namen Shopville gegeben hat, kippte alle Abfallkübel mit einem Prankenschlag um und durchschnupperte sie nach Eßbarem. Die Leute flohen die Rolltreppen hoch oder drückten sich in die Eingänge der Geschäfte, und der Bär bediente sich ausgiebig an den Auslagen eines großen Comestiblesladens. Ein Angehöriger des Bahnhofsbetriebsschutzes erschoß ihn von hinten, während er nach einer Melone griff, fast erstaunt sackte das Tier zu Boden und überrollte sich einmal, bevor es auf dem Bauch liegenblieb wie ein Bettvorleger.

Kurz danach hörte man, daß ein Bär im Engetunnel den Verkehr zum Stehen gebracht hatte und sich nachher sihlaufwärts davongemacht habe. So mußten wir uns, nachdem der letzte Bär vor mindestens 70 Jahren im Engadin gejagt wurde, wieder mit dem Leben der Bären beschäftigen und uns darauf gefaßt machen, mitten in der Stadt einen anzutreffen. Sie waren weniger gefährlich als die Wölfe, traten auch nie in Rudeln auf, sondern trotteten meist als Einzelgänger durch die Straßen. Trotzdem war Vorsicht geboten, vor allem mit kleinen Kindern, und auch die Bären wurden sofort zum Abschuß freigegeben. Auszurotten waren sie aber ebenfalls nicht.

Ihr Erscheinen wurde im ganzen recht gelassen hingenommen, eine eigentliche Panik ging erst durch die Stadtbevölkerung, als auf dem Stauffacher ein älterer Mann beim Griff in einen Zeitungsständer von einer Kreuzotter in die Hand gebissen wurde und trotz sofortiger Behandlung am gleichen Tag starb. In derselben Woche kam es mehrmals vor, daß aus den Schließfächern am Bahnhof Giftschlangen hervorschossen und Leute zu

beißen versuchten, die ihr Gepäck herausnehmen wollten. Aus dem Industriequartier hörte man von einer Italienerin, welche beim Öffnen des Brotbehälters eine Viper vorgefunden habe und beim Versuch, diese mit der Bratenschaufel zu töten, von ihr gebissen worden sei. Fast jedermann begann nun, unters Bett zu schauen, be-
55 vor er schlafen ging, wir schlugen auch immer zuerst die Bettdecke ganz auf, weil wir die Warnung gehört hatten, daß Schlangen warme Plätzchen bevorzugten. Im Kindergarten meines fünfjährigen Buben wurde eine Würfelnatter in der Spieltruhe gefunden, die vom Abwart sofort totgeschlagen wurde. Es stellte sich zwar nachher heraus, daß sie nicht giftig gewesen wäre, aber wir überlegten uns nun doch zum erstenmal, ob wir die Kinder nicht zu meinem Bruder nach Olten bringen sollten. Viele Eltern nahmen ihre Kinder aus der Schule und brachten sie woanders hin, es zogen auch etliche Familien ganz weg, die Wohnungen in den umliegenden Städten wurden knapper als sie schon waren, und außerordentlich belegt waren bereits im April die Zeltplätze des ganzen Mittellandes.

Wir entschlossen uns dennoch zu bleiben, ich hörte zu dieser Zeit, daß der in der Schweiz bisher noch nie gesichtete Schlangenadler aufgetaucht sei, ein Raubvogel, der sich ausschließlich von Schlangen ernährt, und hoffte, daß er für einen Rückgang dieser neuen Bedrohung sorgen würde. Davon war aber nichts zu spüren, und es zeigte sich, daß bereits eine weitere Bedrohung über der Stadt lag, gegen die man noch machtloser war. Sie sah zuerst harmlos, fast erfreulich aus, aber bald wurde klar, daß gerade sie das eigentliche Ende bedeuten konnte.

Diese Bedrohung ging von den Pflanzen aus, und zwar vor allem von zwei Arten. Die erste Art war der Efeu, der plötzlich unheimlich schnell zu wachsen anfing. In einer einzigen Nacht konnte er aus einem Garten bis in die Straßenmitte vordringen, und wenn er am Morgen geschnitten wurde, war er am Abend schon wieder an den Trottoirrändern. Mit äußerster Mühe konnte zu-

nächst durch tägliche Pflege verhindert werden, daß es
sich auch an Glas- und Betonbauten festkrallte, die Ver-
waltungsgebäude der großen Firmen, die Hotels, die
Banken, die Warenhäuser, alle mußten Leute einstellen,
die nichts anderes zu tun hatten, als den ganzen Tag
Efeu zu schneiden, und im Gefolge des Efeus vermehr-
ten sich auch die andern schlingenden Pflanzen, weißer 56
Knöterich, Clematis, Glyzinien und andere Zierparasiten
begannen sich mit dem Efeu zu vermischen und nahmen
gemeinsam den Kampf gegen Straßen, Häuser und Un-
terführungen auf.

Gleichzeitig entwickelte sich eine zweite Art von Pflanzen zu nie gesehener Größe, und zwar war das alles, was sonst im Sumpf gedeiht, ich weiß nicht, ob Sie Eselshuf kennen, man sagt auch Pestwurz, diese etwas fleischige Pflanze mit den riesigen Blättern, die sonst in den Bergen entlang von Bächen oder in feuchten Runsen anzutreffen ist, diese Eselshufe sprossen plötzlich aus jedem Rasen, und die Blätter wurden so groß, daß sie ein parkiertes Auto zuzudecken vermochten. Schachtelhalme erreichten Höhen von Birken, und Farne beugten sich von einer Straßenseite auf die andere, aber so, daß man ohne weiteres noch unten durchgehen konnte. Diese Pflanzen waren bei all ihrer Biegsamkeit so stark, daß sie den andern Pflanzen die Substanz wegzehrten, und in kurzer Zeit verdorrten standhafte Bäume und fingen an, bei Windstößen umzuknicken, so daß heute die Einwohner bei jedem Wetterwechsel in den Häusern bleiben. Wir gehen überhaupt nur noch hinaus, wenn es sein muß, denn man kann sich denken, daß diese Vegetation für Wölfe, Schlangen, Bären und Hirsche förderlicher ist als für den Menschen, und jetzt, da schon viele Straßen stillgelegt sind, weil sie vollständig überwachsen sind und sich die Leute mit Brotmessern und Gerteln einen Pfad heraussäbeln müssen, kann man sich auch viel weniger darauf verlassen, noch gerettet zu werden, wenn man von einem wilden Tier angefallen wird. Deshalb beginnen wir immer mehr, uns selbst zu helfen und auf eigene

Faust zu leben, es dauert oft tagelang, bis man wieder etwas von den Behörden vernimmt oder auf eine Polizeistreife trifft. Gleichzeitig mit einem neuen Gefühl für Nachbarschaft, das entsteht, weil alle dringend aufeinander angewiesen sind, entsteht eine neue Form von Räuberei und Freibeutertum, weil kaum noch eine über-
57 geordnete Organisation für ein zuverlässiges Lebensgefüge sorgen kann, die Leute beginnen sich zu mißtrauen, und es kommt vor, daß Menschen, die sich in einem fremden Quartier durch einen Efeupfad kämpfen, von Begleitern eines Kinderzuges abgeschossen werden. Jetzt geht es gegen den Herbst zu, und niemand weiß, wie es weitergehen soll. Von den wenigen Zügen, die auf den mittleren Geleisen des Hauptbahnhofs noch verkehren können, sind die abfahrenden stets voll besetzt, die Gepäckwagen überquellen von Koffern und zugeschnürten Säcken, während mit den einfahrenden Zügen kaum noch jemand ankommt. An den Autobahnen werden nur noch diejenigen Zufahrten freigehalten, die zur Stadt hinausführen, die Einfahrten sind längstens unter metertiefem Grün begraben.

Allgemein erhofft man sich mit dem Verwelken der Pflanzen einen Rückgang ihres Wachstums und plant eine große Abholzungs- und Ausrottungsaktion, an deren Erfolg ich aber zweifle. Von Anfang an erwiesen sich die in fast nicht mehr verantwortbaren Mengen eingesetzten Herbizide als wirkungslos. Efeu bleibt auch im Winter grün, und bereits ist festzustellen, daß der Stengel der Schachtelhalme nicht mehr weich und knickbar ist, sondern mehr und mehr den Charakter einer Baumrinde annimmt.

Überhaupt ist fraglich, wie sich der Winter anlassen wird. Schon der vergangene brachte ungewöhnlich große Schneemassen, und mein Heizöltank ist nur noch zu einem Viertel gefüllt, weil der Tankwagen auf unserer Straße nicht mehr durchkommt, jedenfalls habe ich unseren Birnbaum, der neben einem Riesenfarn zusammenstürzte, zersägt und bin bereit, die kalten Tage mit der Familie in meinem Arbeitszimmer zu verbringen, wo der einzige Holzofen des Hauses steht.

Wenn ich zum Fenster dieses Arbeitszimmers hinausschaue, sehe ich zwischen den Spitzen der Schachtelhalme hindurch immer noch die Steinadler auf dem Nachbardach abfliegen und ankommen und ihren arg krähenden Jungen irgendein noch halb zuckendes Fleischstück zer-
kleinern und in die Schnäbel drücken, während das Hotel International wie ein gewaltiger alter Baumstrunk am Horizont steht, gänzlich von Efeu umklammert, aus dem sich blau und weiß Clematis- und Knöterichblüten herausheben, neuerdings sind auch Kapuzinerchen dazugekommen, deren gelbe und rote Blüten man schon bis in den zehnten Stock hinauf verfolgen kann.

Es ist auch ruhig geworden vor meinem Fenster, die Baustelle für den neuen Migros-Markt ist verlassen, der Kranarm bewegt sich wie eine Riesenblume im Wind, die Trams haben ihren Betrieb abgebrochen, die nächste noch befahrbare Autostraße liegt beim Hallenbad draußen, das Haus gegenüber ist leer, und ich sitze da und denke darüber nach, ob es jetzt noch einen Sinn hat, die Stadt zu verlassen, oder ob das alles nur der Anfang von etwas ist, das sich von hier aus uneindämmbar ausbreiten wird.

Die Hose

59 A Sie!
B Ja?
A Gestern habe ich eine neue Hose gekauft.
B Ach.
A Ja. Eine grüne, mit Rillen.
B Mit Rillen?
A Ja, mit Rillen.
B Wo sind denn diese Rillen?
A An der Hose.
B An der Hose?
A Oder in der Hose vielmehr. Sie sind eigentlich ein Bestandteil der Hose. Es ist sozusagen eine gerillte Hose.
B Also eine Manchesterhose?
A Ich glaube nicht. Der Stoff ist eine Art Mischung zwischen Manchester und Cord, aber weder das eine noch das andere, es ist, wenn ich es mir genau überlege, eine Hose, die man nicht anders als eine gerillte Hose nennen kann.
B Das Grün aber, wie ist es mit dem Grün?
A Es ist gut, daß Sie danach fragen. Das Grün ist in den Rillen etwas blasser als auf der Erhöhung der Rillen, während es doch sonst eher so ist, daß man das Dunklere, Schattige in den Tälern antrifft und das Licht auf den Höhen.
B Das ist eigenartig, ja. Ich kann mir aber vorstellen, daß, wenn es umgekehrt wäre, wenn also die Tiefen der Rillen dunkler wären als die Erhöhungen, die Hose sehr leicht etwas bekäme, das – wie soll ich sagen, etwas, etwas –
A Etwas Abgewetztes.
B Etwas Abgewetztes! Genau. Etwas regelrecht Abgewetztes.

A Und das hat sie ja nun nicht.

B Glücklicherweise.

A Tja.

B Tja.

A Um nochmals auf diese Hose zurückzukommen –

B Ja?

A Sie hat mir, als ich sie sah, gleich gefallen, obwohl sie der Verkäufer beim Durchsehen des Stoßes übergehen wollte.

B Und dann sind Sie ihm gewissermaßen in den Arm gefallen –

A Richtig. Wieso haben Sie das erraten?

B Irgendwie hatte ich es erwartet.

A Ich hab einfach meine Hand dazwischengehalten und habe gesagt: Darf ich diese Hose einmal anprobieren?

B Und was hat der Verkäufer gesagt?

A Was glauben Sie, was er gesagt hat?

B Hat er etwa »Aber selbstverständlich« gesagt?

A Ganz genau. Wie wissen Sie das alles?

B Ich nehme eben Anteil am Kauf Ihrer Hose.

A Vor allem, daß Sie gewußt haben, daß der Verkäufer nicht einfach »Selbstverständlich«, sondern »Aber selbstverständlich« gesagt hat, erstaunt mich über die Maßen.

B Hat Ihnen denn die Hose –

A Sie hat mir sogleich gepaßt, beim ersten Mal.

B Es waren also keine Änderungen notwendig, etwa am Saum oder am Bund?

A Nein, überhaupt nicht, sondern ich stand in dieser Hose, als hätte ich ein altbekanntes Kleidungsstück an und nicht eines, das mir völlig neu war.

B Und Sie haben keine andere Hose mehr probiert?

A Nein, ich hätte auch keinen Grund dazu gehabt, da mir doch diese gerillte grüne Hose so gut stand.

B Und der Preis?

A Nicht übertrieben, aber doch so, daß ich merkte, daß ich da etwas Besonderes gekauft hatte.

B Wissen Sie, was ich glaube?

A Nein.

B Ich glaube, Sie haben die Hose Ihres Lebens gekauft.

Das Fotoalbum

61 A *blättert in einem Fotoalbum und amüsiert sich immer wieder.*

B *liest die Zeitung und ist sichtlich gestört. Nach einer Weile fragt er* Was lesen Sie denn da Komisches?

A Ach, ich blättere eigentlich bloß.

B Ja, aber was ist es, worin Sie blättern?

A Ein Fotoalbum.

B Ach.

A Ja. *Lacht wieder.*

B Würde es Ihnen etwas ausmachen, etwas diskreter zu blättern?

A Bitte, wenn ich Ihnen damit einen Gefallen tun kann.

B Danke.

A *blättert ganz diskret um und bricht in lautes Gelächter aus.*

B Das ist kein bißchen diskreter.

A Doch, ich habe jetzt nur mit den Fingerspitzen umgeblättert.

B Aber gelacht haben Sie genau gleich laut.

A Ach, ich dachte, das Blättern stört Sie.

B Nein, das Lachen.

A Ach so.

B Ja.

A Das konnte ich natürlich nicht wissen.

B Wieso nicht?

A Sie haben nur von Blättern gesprochen.

B Aber ich habe Lachen gemeint. *Blättert die Zeitung rabiat um.*

A Meinen Sie immer Lachen, wenn Sie Blättern sagen?

B Nein, nur in diesem speziellen Fall.

A Das ist gut zu wissen, sonst gäbe es ja eine richtige Sprachverwirrung. Stellen Sie sich ein Filminserat vor, unter dem steht »Sie blättern sich krank«.

B Es ist nicht auszudenken. Ich bitte Sie, blättern Sie weiter, aber lachen Sie etwas diskreter. *Blättert Zeitung um.*

A Ich werde mir Mühe geben, Ihretwegen.

B Danke. 62

A Dürfte ich auch eine Bitte an Sie richten?

B Bitte.

A Wenn Sie vielleicht Ihre Zeitung etwas diskreter umblättern würden. Es schreckt mich jedesmal auf, wie wenn eine Katze ins Laub springt.

B Also gut. Ich blättere leiser, Sie lachen leiser, abgemacht?

A Abgemacht.

B *blättert ganz leise seine Zeitung um.*

A *schaut still in sein Fotoalbum und beginnt dann heftig in sich hineinzukichern, aber völlig lautlos. Spiel mit B, der ist irritiert, schaut zu A, A schaut weg und versucht sich zu beherrschen, prustet aber wieder innerlich los.*

B So geht das nicht.

A Ich lache doch ganz leise, nur so in mich hinein.

B Aber es schüttelt Sie richtig.

A Es tut mir leid, aber es ist zu komisch.

B Es beeinflußt mich, wenn Sie so lachen. Ich lese hier den Kulturteil, und da sitzt einer neben mir und hopst auf und ab vor Vergnügen. Da hör ich lieber auf. *Schlägt die Zeitung zu.*

A Es tut mir ja leid. *Macht das Fotoalbum auch zu. Beide sitzen verärgert da.* Was stand denn im Kulturteil?

B Ein Artikel über neue Tendenzen in der aleatorischen Musik.

A Ach.

B Ja.

A Und das ist etwas Ernstes?

B Etwas Ernsthaftes.

A Tja.

B Ja.

A *macht nach einer Weile das Fotoalbum ein kleines bißchen auf und schaut hinein, beginnt zu kichern und macht es gleich wieder zu.*

B Sagen Sie, was ist das eigentlich für ein Fotoalbum?

A Von meiner Hochzeit.

B Und das ist komisch?

63 A Zum Umsinken. Die Hochzeit war vor fünfzehn Jahren, und wenn ich mich jetzt anschaue, wie ich damals ausgesehen habe ... *lacht*

B Wie haben Sie denn damals ausgesehen?

A Sehen Sie mal. So. Das war ich.

B Das waren Sie?

A Ja. *Lacht unmäßig.*

B *beginnt auch zu lachen.*

A Dieses Krawättchen!

B Und der Haarschnitt! Frisch vom Friseur!

A Auch dieses Lächeln, nicht?

B Völlig unverbraucht! Ein Jüngling, wie er im Buche steht!

A Aber schauen Sie mal, das hier ist meine Frau!

B Nein!

A Doch!

B *lacht unmäßig.*

A Diese Hochzeitsfrisur!

B Richtig verkrampft! Gott, ist das komisch!

A Tja, eehm ...

B Auch wie sie den Blumenstrauß hält!

A Hören Sie ...

B Wie einen eisernen Besen!

A Geben Sie mir das Album wieder!

B Und hier stehen Sie vor dem Altar! Wie zwei Ölgötzen!

A Geben Sie mir das Album wieder!

B Und das ist wohl Ihr Vater, wie? Diese sentimentale Trantüte?

A Jetzt reichts! Ich weiß gar nicht, was Sie daran so komisch finden.

B Aber Sie haben doch auch gelacht.

A Ja, aber über mich.

B Ich habe auch über Sie gelacht.

A Eben. Wenn ich über mich lache, ist das meine Sache, aber wenn Sie über mich lachen, dann –

B Was dann?

A Dann ist das eine Gemeinheit!

B Wie Sie meinen. Dann lachen Sie halt wieder über sich. Hier, Ihr Album. 64

A *schlägt es auf, schaut grimmig hinein.* Jetzt kann ich nicht mehr lachen.

B Na, Gott sei Dank. Dann kann ich endlich in Ruhe meine Zeitung lesen.

Selbergemacht

65 Wie glücklich ist ein Mann, wenn er allein zu
Hause ist
und halbverbranntes Rindfleisch mit Spaghetti-
resten ißt.
Ein Essen zäh wie Leder, aber dennoch eine Pracht:
Er hat es selbergemacht, er hat es selbergemacht.

Wie freut sich erst ein frischgebackener, flinker
Ehemann
wenn er der Frau den neuen Kühlschrank übergeben
kann.
Er stößt den Stecker ein, das Kabel raucht,
der Anschluß kracht –
er hat ihn selbergemacht, er hat ihn selbergemacht.

Wie stolz kann doch der Mensch sein, wenn er einmal
Rückschau hält
was ihm bisher gelang seit seinem Eintritt in die Welt:
das Rad, die Bronze, das Eisen
die Tempel, die Schiffe, das Porzellan
das Penicillin, die Atomkraft, die Mondflüge
die Perserkriege, die Peleponnesischen Kriege,
die Punischen Kriege,
die Schmalkaldischen Kriege
die 7jährigen, die 30jährigen, die 100jährigen und
die Weltkriege
von der ersten bis zur letzten Schlacht
hat er selbergemacht, hat er selbergemacht.

Das Cello, das ich spiele, ist zwar keines von Amati
und sicher gibt es schönere und vollre Pizzicati
doch eines, das steht fest, ich glaub, Sie habens
schon gedacht:
Ich hab es selbergemacht, ich hab es selbergemacht.

Zusatzstrophe: 66
Ein Paar, das lange kinderlos, bringt Zwillinge
zur Taufe
und mit der Mutter freut sich auch ein ganzer
Patenhaufe.
Die Tanten sind gerührt, indes der Pfarrer heimlich
lacht:
Er hat sie selbergemacht, er hat sie selbergemacht.

Die ungleichen Regenwürmer

67 Tief unter einem Sauerampferfeld lebten einmal zwei Regenwürmer und ernährten sich von Sauerampferwurzeln.

Eines Tages sagte der erste Regenwurm: »Wohlan, ich bin es satt, hier unten zu leben, ich will eine Reise machen und die Welt kennenlernen.« Er packte sein Köfferchen und bohrte sich nach oben, und als er sah, wie die Sonne schien und der Wind über das Sauerampferfeld strich, wurde es ihm leicht ums Herz, und er schlängelte sich fröhlich zwischen den Stengeln durch. Doch er war kaum drei Fuß weit gekommen, da entdeckte ihn eine Amsel und fraß ihn auf.

Der zweite Regenwurm hingegen blieb immer in seinem Loch unter dem Boden, fraß jeden Tag seine Sauerampferwurzeln und blieb die längste Zeit am Leben.

Aber sagt mir selbst – ist das ein Leben?

Das Zündhölzchenspiel

Herr Messerli geriet auf einer Safari im schwärzesten 68
Afrika in die Hände von Menschenfressern. Nun war aber der Häuptling sehr menschenfreundlich und hatte auch einen gewissen Spielsinn, und so versprach er Herrn Messerli, er lasse ihn frei, wenn er ihn beim Zündhölzchenspiel schlage.

Zum Glück hatte Herr Messerli das Spiel kürzlich von seinem Bruder gelernt, aber leider hatte er vergessen, wie man sicher gewinnt, und wurde aufgefressen.

Zwei Flüche

69 Etwas Interessantes habe ich von einem Sprachforscher aus dem Graubünden gehört. Der erzählte mir nämlich folgendes:

In einem abgelegenen Bergtal, dem Großen Trenn, lebten die Leute früher nicht in Dörfern, sondern ganz vereinzelt auf Höfen, und sie waren überzeugt, daß es sehr schädlich sei, wenn zu viele Menschen zusammenkämen. Einer ihrer schlimmsten Flüche lautete deshalb »Zammikumm!«

Im Nachbartal aber, dem Kleinen Hauff, waren die Leute überzeugt, daß es sehr schädlich sei, wenn die Menschen nicht beieinander lebten. Ihr schlimmster Fluch lautete deshalb »Ussigang!«, was schon fast einer Verbannung gleichkam.

Das war vor vielleicht zweihundert Jahren. Dann aber muß sich irgend etwas geändert haben, denn vor hundert Jahren hieß der Fluch im Großen Trenn auf einmal »Zammigang!« und im Kleinen Hauff »Ussikumm!«.

»Und heute? Wie ist es heute?« fragte ich den Sprachforscher.

»Heute?« sagt er und zuckte die Achseln.

»Heute sind dort überall Skilifte, und fluchen habe ich nur noch einmal gehört.«

»Wann?« fragte ich.

»Ach«, sagte er, »als ich an der Spitze einer Autokolonne auf den Parkplatz bei der Talstation fuhr, murmelte ein alter Parkwächter, bevor er mir den Parkschein unter den Scheibenwischer klemmte: ‚Allizammiussigang!', aber als ich ihn fragte, was er gesagt habe, sagte er: ‚Nichts' und verlangte zwei Franken Parkgebühr. Das ist günstig für einen ganzen Tag, oder nicht?«

Eine völlig andere Art von Theater

In einer Stadt, die Sie wahrscheinlich nicht kennen, spielt 70
man auf eine völlig andere Art Theater, als wir das gewohnt sind.

Die Bewohner dieser Stadt sind richtig theaterverrückt und verehren ihre großen Schauspieler über die Maßen, aber wenn man als Fremder eine Aufführung besucht, ist man etwas ratlos, denn es wird hier gar nicht besser gespielt als anderswo, und die berühmten Namen, von denen man gehört hat, sucht man im Programmheft vergebens.

Aber, würde uns der einheimische Theaterkenner sagen, haben Sie die Frau an der Kasse gesehen? Das war die große Borowna. In den Stücken werden die Zuschauer immer dann aufmerksam, wenn Statisten auftreten, denn meistens hat es unter einem Soldatenchor oder einer Wache einen ganz berühmten Schauspieler, der kein Wort sagt, aber dafür durch die vollendete Beiläufigkeit seiner Bewegungen Bewunderung erregt.

Bei uns fangen unbekannte Schauspieler mit kleinen Rollen an, und wenn sie bekannt werden, gibt man ihnen größere. Dort ist es umgekehrt. Große Rollen spielen nur Anfänger. Die guten Schauspieler sehen ihre Kunst darin, in immer kleineren Rollen aufzutreten, und als großer Schauspieler gilt man erst dann, wenn man nicht mehr im Verzeichnis der Darsteller aufgeführt wird. Es kann einem passieren, daß man in der Toilette neben einen Herrn zu stehen kommt, der sich auf eine Art kämmt, die sich einem sofort einprägt, und hinterher erfährt man, daß das der berühmte Lonstraal war. Wirklich große Schauspieler können es sich sogar leisten, nur auf einem Familienfoto vorzukommen, das im dritten Akt an der Wand hängt. Vielleicht noch ein Hinweis:

Wenn Sie einen dieser Schauspieler zutiefst beleidigen wollen, müssen Sie ihm sagen, Sie möchten ihn gern als Hamlet sehen.

Der Pfingstspatz

Viel weniger bekannt als der Osterhase ist der Pfingst- 72
spatz. Er legt allen Leuten am Pfingstsonntag ein Grashälmlein auf den Fenstersims, eines von der Art, wie er es sonst zum Nestbau braucht. Das merkt aber nie jemand, höchstens ab und zu eine Hausfrau, die es sofort wegwischt.

Der Pfingstspatz ärgert sich jedes Jahr grün und blau über seine Erfolglosigkeit und ist sehr neidisch auf den Osterhasen, aber ich muß ehrlich sagen, das mit den Eiern finde ich auch die bessere Idee.

Die Entdeckung im Neubau

73 Ein Mann, der in einen Neubau eingezogen war, machte beim Einräumen eine Entdeckung. Als er einen Nagel in die Wand schlagen wollte, löste sich ein größeres Stück des Verputzes, und darunter wurde ein gemalter Zweig sichtbar. Das Grün der Blätter war zwar sehr blaß und hob sich nicht stark von der rötlichen Grundierung ab, aber man konnte deutlich erkennen, daß es sich um einen Zweig handelte, man sah auch noch Teile einer Hand, die sich um ihn schloß. Der Mann wurde neugierig und schlug mit dem Hammer noch ein Stück Verputz ab, da kam ein ganzer Arm zum Vorschein, und dann eine Figur in langem Gewand, und als der Mann die ganze Wand freigelegt hatte, sah man, daß es ein Engel war, der einer Gestalt, die ihren Kopf auf den Händen trug, einen Zweig darreichte.

Jetzt telefonierte der Mieter dem Besitzer und unterrichtete ihn von seiner Entdeckung. Der Besitzer ließ sofort den Leiter der Baufirma kommen, und dieser ließ seinerseits den Maler kommen, und alle schauten sich die Wand an und wußten keinen Rat. Der Maler schwor, daß er den Verputz auf die Backsteinmauer aufgetragen habe und daß ihm dabei nichts Ungewöhnliches aufgefallen sei, und er selber könne gar nicht so etwas malen, aber natürlich werde er es sofort wieder überstreichen. Der Besitzer und der Mieter waren sich jedoch einig, daß man die Sache nicht einfach auf sich beruhen lassen könne, und beschlossen, einen Kunstsachverständigen beizuziehen. Dieser Fachmann, ein Dr. Habegger, nahm während zwei Tagen Untersuchungen vor, schüttelte immer wieder den Kopf und gab zum Schluß das Ergebnis seiner Nachforschungen bekannt. Es handle sich hier, sagte er, ganz eindeutig um ein Fresko aus der zweiten

Hälfte des fünfzehnten Jahrhunderts, und er nehme an, daß es sich beim dargestellten Heiligen um St. Ursus handle, der ja enthauptet worden sei und den man in der Gegend allgemein verehre. Als der Besitzer den Einwand machte, das Haus sei erst vor zwei Monaten fertiggeworden, sagte Dr. Habegger, wie das Fresko hierhergekommen sei, wisse er auch nicht, er könne nur mit Sicherheit sagen, daß es mindestens 500 Jahre alt sei.

Als dieser Vorfall bekannt wurde, wurde viel darum gerätselt. Am nächsten kam der Sache vielleicht der Lehrer der Ortschaft, der auch eine Lokalchronik geschrieben hatte. Er wies nämlich darauf hin, daß früher ganz in der Nähe des Hauses eine St.-Ursus-Kapelle gestanden habe, die im Jahre 1540 von den Franzosen verbrannt worden war. Wie diese Kapelle ausgesehen hatte, war zwar nirgends mehr beschrieben, es ließ sich also jetzt nicht mehr feststellen, ob etwa im Innern Fresken gewesen waren, aber das hätte auch niemanden weitergebracht, denn selbst wenn es in der Kapelle ein solches Fresko gegeben hätte, wäre damit noch lange nicht erklärt, wie es in diesen Neubau hineinkam.

Der unternehmungslustige Prinz

75 Heute will ich einmal in den Zoologischen Garten, dachte der Prinz, als er sein Schloß verließ und zur Bushaltestelle hinunterging.

Dort standen schon zwei alte Frauen mit hohen Hüten, die ihn mißtrauisch musterten. »Es ist schon allerhand, wie sich die Jungen heutzutage anziehen«, sagte die eine zur andern, indem sie mit ihrem dicken Kinn auf das grüne Samtwams des Prinzen wies. Da wurde der Prinz so wütend, daß er sein Schwert zog und beiden die Köpfe abschlug. Als der Bus hielt, lud der Prinz die zwei Frauen ein, setzte sie auf den hintersten Sitz und legte ihnen ihre Köpfe in den Schoß. Dann verlangte er dreimal Zoologischer Garten. Der Busschauffeur sagte ihm, er müsse das Billett am Automaten lösen, und fuhr ohne ihn weiter.

Der Prinz warf 1.20 ein, aber nichts passierte. Da er reich war, schlug er nicht auf den Automaten ein, wie das andere Leute in diesem Fall tun, sondern warf nochmals 1.20 ein. Als auch jetzt nichts geschah, dachte er, ich habe ja Zeit und Geld, und warf nochmals 1.20 ein.

In diesem Augenblick verwandelte sich der Billettautomat in eine wunderschöne Prinzessin, die ihn sogleich umarmte.

»Sieben Jahre war ich in einen Billettautomaten verzaubert, und jetzt hast du mich erlöst«, sagte sie, »willst du mich heiraten?«

»Ja«, sagte der Prinz, »ja, auf alle Fälle. Kommst du vorher noch in den Zoologischen Garten?«

Da die Prinzessin so lange am selben Ort gestanden hatte, war sie einverstanden, und sie stiegen in den nächsten Bus.

Zwei Stationen später stieg der Kontrolleur ein und wollte die Fahrkarten sehen.

»Ich habe dreimal 1.20 eingeworfen«, sagte der Prinz, »aber es ist nichts herausgekommen.«

»Das kann jeder sagen«, sagte der Kontrolleur.

»Ich kann es bezeugen«, sagte die Prinzessin, »ich war nämlich zu der Zeit noch der Billettautomat.« 76

»Und da wurden Sie wohl erlöst, wie?« witzelte der Kontrolleur und schrieb eine Buße für vierzig Franken.

In dem Moment wurde über Sprechfunk die Geschichte von den beiden geköpften Frauen durchgegeben, und sowohl der Kontrolleur als auch der Buschauffeur ergriffen sofort die Flucht.

Da setzte sich der Prinz selbst ans Steuer, fragte alle Leute im Bus, wo sie hinwollten, und fuhr sie bis vor die Haustüre. Als er dann die Richtung zum Zoologischen Garten einschlug, sah er vor sich eine Straßensperre der Polizei.

»Wenn sie mich erwischen, bekomme ich lebenslänglich«, sagte der Prinz zur Prinzessin.

»Dann lieber nochmals sieben Jahre«, sagte die Prinzessin und flüsterte ihm etwas ins Ohr.

Als die Polizei den Bus stürmte, war er leer. Dafür stand er direkt neben zwei Billettautomaten, der eine für normale Billette, der andere für Abonnemente, und hier ist meine Geschichte zu Ende.

Ach, was mit den beiden Frauen noch war? Nichts weiter. Die waren tot und wurden nicht wieder lebendig.

Manchmal genügt eben eine blöde Bemerkung, und man ist erledigt.

Die Rückreise von Amerika

77 Ein Reisebüro, das seine Amerikareisen schon zu völligen Tiefpreisen anbot, kam kürzlich auf die Idee, für alle diejenigen, die sich immer noch keine solche Fahrt leisten konnten, eine neue, noch billigere Kategorie von Amerikareisen zu schaffen. Allerdings waren es keine eigentlichen Reisen nach Amerika, sondern Rückreisen von Amerika. Eine solche Rückreise ging folgendermaßen:

Die Teilnehmer wurden in einem Bus zum Flughafen gebracht, wo man ihnen im Sitzungszimmer des Flughafenrestaurants einen Film über Amerika zeigte und sie kurz über die Geschichte des Landes informierte, ihnen das Datum der Unabhängigkeitserklärung an eine Wandtafel schrieb, einprägte, wieviel Stöcke das Empire State Building hat und daß man nicht in einem Mal hinauffahren kann, sondern im 83. Stock umsteigen muß und dann oben einen herrlichen Rundblick über Manhattan hat, und daß Manhattan die Insel ist, auf der die Stadt New York liegt, und daß das Rassenproblem nicht so einfach ist, wie wir meinen.

Dann hatten alle die Gelegenheit, sich vor einer Fotografie des UNO-Gebäudes fotografieren zu lassen und einige Ansichtskarten zu schreiben, die mit dem nächsten Kursflugzeug nach New York gingen und dort eingeworfen wurden, und dann konnten sie durch das Tor »Internationale Ankünfte« den Flughafen wieder verlassen. Das ganze dauerte einen Nachmittag und kostete pro Person 35 Franken.

Diese Art von Reisen wurde bald sehr populär und fand auch für andere Länder Anwendung, man konnte Rückreisen von sämtlichen Teilen der Welt kaufen, und bald gehörte es zum guten Ton, daß man seinem Nachbarn eine Karte von der Chinesischen Mauer oder von einem isländischen Vulkan schickte. Alle wußten über alle Länder Bescheid, kannten die Hauptstädte, das Datum der Unabhängigkeitserklärung und wußten, daß die Probleme dort nicht so einfach sind, wie wir meinen.

Das führte allerdings auch dazu, daß kein Mensch mehr in ein anderes Land reiste, und bald verloren die Leute der verschiedenen Länder den Kontakt untereinander, sie verstanden sich nicht mehr, und beim Versuch zweier großen Staaten, sich gegenseitig klarzumachen, daß ihre Probleme nicht so einfach waren, wie die andern meinten, kam es zu einem Krieg, der alle Probleme löste, weil danach niemand mehr übrigblieb, um Probleme zu haben.

Die schöne Schweiz

79 Ein Ausländer hatte einmal auf einem Bahnhof ein Plakat gesehen, auf dem es hieß »Besuchen Sie die schöne Schweiz«. Darauf war ein Mädchen abgebildet, das aus einem Brunnen Wasser trank, und dahinter sah man einen Schneeberg.

Dieses Plakat ging ihm nicht mehr aus dem Kopf, und so beschloß er, die Schweiz zu besuchen. Er fuhr mit seinem Wagen von Norden her in das Land, und als er beim Badischen Bahnhof in die erste Verkehrsstockung kam, fragte er einen Passanten, wo er am besten durchfahren solle, um in die schöne Schweiz zu kommen. »Immer geradeaus«, sagte der Passant und lachte eigenartig. Dieses Lachen verstand der Ausländer nicht recht, aber er fuhr geradeaus, soweit ihm das bei den vielen Umleitungen möglich war. Er bewunderte die hohen Gebäude mit den großen Rauchwolken, die rotweißen Abschrankungen mit den gelben Baggern und die dreispurigen Autobahnen mit den sauberen Rastplätzen.

Als er ein Stück geradeaus gefahren war, hörte die Autobahn auf, und der Fremde kam in eine Stadt. Er erkundigte sich wieder nach der schönen Schweiz, und der Mann, den er angesprochen hatte, überlegte lange, so, als hätte er diesen Ausdruck zum erstenmal gehört. »Das muß wohl«, sagte er, »das muß wohl weiter im Landesinnern liegen. Fahren Sie geradeaus weiter und fragen Sie noch einmal.« Der Ausländer fuhr weiter und war beeindruckt von den großen Tankstellen und den Hochspannungsmasten, an denen er vorbeifuhr, bis er von neuem in eine Stadt kam. Als man hier auf seine Frage, wo es zur schönen Schweiz durchgehe, wieder ratlos war, beschloß er, sich anders auszudrücken, und fragte nach einem Mädchen mit einem Brunnen. Aha, sagten die Leute, Brunnen, fahren Sie so und so weiter, dann sind Sie dort. Der Ausländer fuhr so und so weiter und kam nach Brunnen. Aber dort wollte niemand das Mädchen kennen, und ein freundlicher Mann führte ihn schließlich in ein Restaurant und bestellt ihm bei der Serviertochter ein Mineralwasser.

Da ging der Fremde wieder hinaus und fuhr mit 80
einem Autoeisenbahnzug durch den Tunnel. Unterwegs fragte er den Kondukteur nochmals nach der schönen Schweiz, und der sagte, da sei er richtig, die fange jetzt gerade an. Freudig stieg der Ausländer in sein Auto und kam an einen großen See, in dem er sogleich baden wollte. Ein Strandwärter machte ihn aber darauf aufmerksam, daß er das auf eigene Gefahr tue und fragte ihn, ob er die Kinderlähmung schon gehabt habe. Erschrocken stieg der Fremde wieder ein und kam zu einem Zollhäuschen, in dessen Nähe dauernd Granaten eines Waffenübungsplatzes explodierten. »Wo wollen Sie hin?« fragte ihn der Zöllner. »In die schöne Schweiz«, antwortete der Fremde. »Tut mir leid, mein Herr«, rief der Zöllner ihm zu und legte seine Hand an die Mütze, »aber da kommen Sie gerade her!«

Franz Hohler

Während seiner Auftritte mit . . .

... und ohne Cellobegleitung

Eine »Wegwerfgeschichte« entsteht

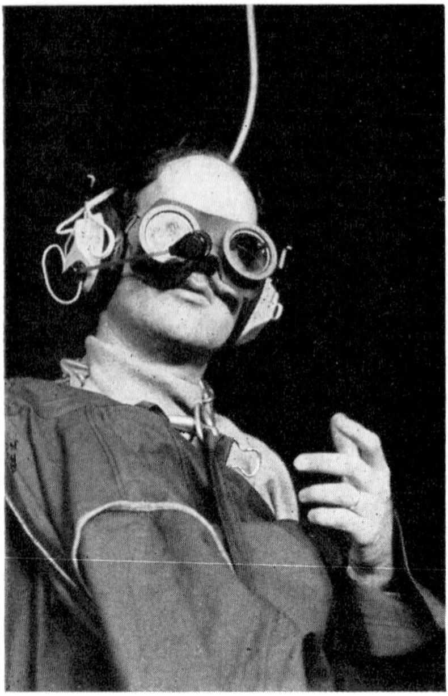

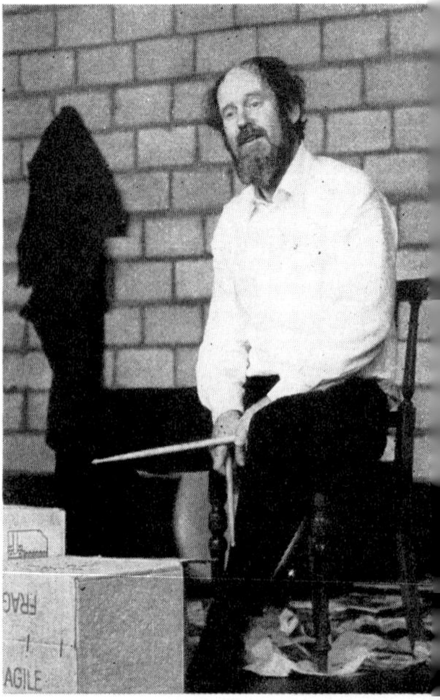

Oben links: Aus dem Programm »Die Nachtübung«
Oben rechts: »Jetzt erzähle ich euch die Geschichte eines Schlags!«
Unten: »Ich hab es selbergemacht . . .«

. . und als die Zeit verging / da kam der Mensch / und mit hm / die Wörter . . .

»Und eigentlich ist es fast immer dieser Ausblick, über den ich schreibe, singe und nachdenke.«

Raste an dieser Quelle

nach Bellmanns »Vila vid denna källa!«
(mit Cellobegleitung)

81 Raste an dieser Quelle
und zieh behutsam deine Handbrems an!
Schau doch, von dieser Stelle
sieht man die ganze Autobahn!
Parke mit unserm Volvo
am besten rückwärts gegen jenen Baum!
Klapptisch und Campingstühle
nehm ich dann aus dem Kofferraum.
Den Gartengrill
stell ich hier an den Hang.
Sei du nur still!
Hol schon den Büchsenöffner
und höre des Transistors Klang!

Schau, wie die Batterien
den Hähnchenspieß fein langsam rundum drehn!
Schön, wie die Kartonteller
auf unserm Wegwerftischtuch stehn!
Hei, wie die Büchse Fanta
aus ihrer Öffnung luftgen Schaum versprüht!
Blas, Wind, damit die Kohle
nicht bloß so mühsam weiterglüht!
Wie wunderbar
schmeckt uns des Hähnchens Beinchen!
S ist nicht ganz gar . . .
Trotzdem – ein Schluck vom Weinchen
damit ich nachher besser fahr!

Leg die James-Last-Kassette
nochmals in unseren Recorder ein!
Dreh sie ein bißchen lauter
damit die andern sich auch freun!
Reich mir die Thermosflasche
mit dem Kaffee von heute morgen drin!
Laßt uns die Becher heben!
(Sie sind aus Plastik, nicht aus Zinn.)
Schon sechzehn Uhr!
Nun müssen wir bald sausen
auf der linken Spur
heimwärts mit hundertdreißig
gestärkt von einem Tag Natur!

Die Alpen

für Albrecht von Haller
*(vorzutragen im Anschluß an Alphornklänge
oder verwandte Geräusche)*

83 Jedesmal bei diesen Weisen
seh ich im Geiste Adler kreisen.
Die Sennen sicheln ihre Triften
die Ochsen muhen in den Klüften
das Euter prall und aufgedunsen
Lawinen krachen durch die Runsen
der Älpler reckt die Hand zur Stirn
ein alter Gemsbock äst im Firn
der Jäger naht im harten Zwilch
und nährt sich von der Gletschermilch
der Käser sitzt bei kargem Mahle
dann rollt er seinen Käs zu Tale.
Am Abend röten sich die Wolken
was melkbar ist, wird jetzt gemolken
der Bergler blickt mit stillem Glanz
empor zum jähen Alpenkranz
und tritt dann dankbar in die Hütte
wo schon in ihrer Kindlein Mitte
die Sennrin harrt. Der Hafer brodelt.
Die Wang erglüht. Der Senne jodelt.
Dann labt man sich an Gottes Spende
und langsam geht der Tag zu Ende.
Der Senne schwingt noch rasch die Fahne
und schlürft dann seinen Kübel Sahne.
Er hustet fromm ein rauh Gebet
bevor auch er ins Stroh sich legt.
Dort schläft man froh die ganze Nacht
bis man in aller Früh erwacht.

Dort oben ist das wahre Leben!
Und unsres hier ist tief daneben.

s Lied vom Chäs

(mit Hackbrettbegleitung)

Wär kennt das Land 84
wo alles us Chäs isch
alles zämen us Chäs?

D Hüser si us Chäs
d Strosse si us Chäs
d Böim si us Chäs
und d Blueme si us Chäs
d Tram si us Chäs
d Auto si us Chäs
d Chile si us Chäs
und d Glogge si us Chäs
alles isch us Chäs us Chäs us Chäs

Und d Mönsche träge Mäntel us Chäs
hei Brüllen aa us Chäs
und läse dermit
ihri Büecher us Chäs
voll Wörter us Chäs
über Sachen us Chäs
luege Film a us Chäs
i Kino us Chäs
löse Bileet us Chäs
für ne Stadt us Chäs
us Chäs us Chäs us Chäs

Das giengt jo no
aber d Luft isch us Chäs
und s Wasser isch au us Chäs
d Wolke si us Chäs
d Sunnen isch us Chäs
der Mond isch us Chäs
und d Stärne si us Chäs
d Oepfel si uns Chäs
d Bire si us Chäs
d Milch isch us Chäs
und s Brot isch us Chäs
alles isch us Chäs us Chäs us Chäs

Und s schlimmsten isch das
au d Lüt si us Chäs
und gäbe sech Küss us Chäs
hei es Härz us Chäs
und e Zungen us Chäs
hei e Sproch us Chäs
und Gedanken us Chäs
hei Gebätt us Chäs
zumne Gott us Chäs
hei Tröim us Chäs
wo si tröime wie s wär
imene Land ohni Chäs

aber au *die* Tröim
si us Chäs

Ein Schweizer im Ausland

(Cello-Chanson)

Auf Schritt und Tritt
schaut er sich um
spricht man ihn an
so stellt er sich dumm
er fragt keinen Menschen
sieht niemand an
und starrt von Zeit zu Zeit
in einen Straßenplan
er hält die Hand
verkrampft in der Tasche
und geht einher
wie in Sack und Asche
ein Herz voll Angst
ein Gesicht aus Stein
zwei Lippen aus Kreide –
wer mag das sein?
    ein Schweizer im Ausland
    von Elend erfüllt
    ein Schweizer im Ausland
    ein trauriges Bild!

Ihm graut vor dem Essen
er ist überzeugt
das Ausland sei
schon als solches verseucht
er mißtraut jedem Brötchen
wäscht jede Frucht
und ist permanent
vor Bazillen auf der Flucht
Wasser trinkt er nicht
rohe Milch auf keinen Fall
die Zähne putzt er

mit Aqua mineral
Salat lehnt er ab
Fische auch, das ist die Norm
das einzge, was er wirklich schluckt
ist Mexaform!
    Ein Schweizer im Ausland
87 von Elend erfüllt
    ein Schweizer im Ausland
    ein trauriges Bild!

Wenn jemand hustet
schöpft er Verdacht
er zuckt zusammen
wenn jemand lacht
denn er fürchtet schon
beim leisesten Hauch
man lache über ihn –
und das stimmt ja auch.
Trinkgeld gibt er keins
oder wenn, dann zuviel
für ihn ist bei jedem Kauf
Betrug im Spiel
so lebt er dahin
und das größte Glück
das er kennt in der Fremde
ist die Reise zurück.
    Ein Schweizer im Ausland
    wird nie richtig froh
    ein Schweizer im Ausland –
    aber die Deutschen sind genauso!

Friedhof

Mitten in den Häusern von Schwabing ist ein Stück Hoff- 88
nung ausgespart, der alte Nordfriedhof. Er ist schon längst nicht mehr in Betrieb, aber man hat ihn stehengelassen, weil verwitterte Marmorplatten und halb geneigte Grabsteine unter großen Weiden etwas Beruhigendes haben. Der Tod wirkt hier nicht mehr so frisch, man hat das Gefühl, auch er sei vergänglich. Seine Opfer sind zum Teil schon unleserlich geworden, beklagt werden sie von niemandem mehr, nicht einmal die in Granit gehauene Apothekenbesitzerswitwe. Das einjährige Weinhändlerskind wäre jetzt 104 Jahre alt, wahrscheinlich ist es doch besser, es ist gestorben. Oder der unaufhaltsame Aufstieg der Familie Moser, dargestellt auf einer Grabplatte in 6 Abschnitten:

1. Frau Moser	Forstratsgattin
2. Frau Moser	Oberforstratsgattin
3. Frau Moser	Prakt. Arztensgattin
4. Frau Moser	Professorsgattin
Intermezzo:	Ein kleiner Moser stirbt als Hauptlehrerssöhnchen
5. Frau Moser	Regierungsratsgattin

Und alle wollen in den Himmel.

Ignaz-Heim-Platz

89 Darunter kann sich niemand etwas vorstellen. Man muß sagen »Pfauen« oder »Kunsthaus«, wenn man sich einem Zürcher verständlich machen will.

Das liegt vielleicht daran, daß man gar nicht merkt, daß es sich um einen Platz handelt, und wenn man es merkt, denkt man bei seinem Anblick nicht an Ignaz Heim, um so mehr, als man nicht weiß, wer Ignaz Heim war. Da sein Denkmal direkt hinter dem Kiosk- und Bedürfnishäuschen steht, kommt man auch nicht auf die Idee, es anzuschauen.

Es ist überhaupt nicht üblich, sich auf diesem Platz irgend etwas anzuschauen. Manchmal sieht man Fremde vor dem Kunsthaus stehenbleiben und den Kopf über die Aufschrift von Rodins »Jüngstem Gericht« beugen, aber wenn sie gesehen haben, daß es kein Original ist, gehen sie erleichtert weiter. Das Kunsthaus selbst ist ein düsteres Gemisch aus einem Jugendstilbahnhof und einem Freimaurertempel. Es besteht aus einem länglichen und einem klotzigen Teil; die Nischen zwischen den Fenstern des länglichen Teils sind durch allegorische Figuren belebt, während der klotzige Teil von drei großen Darstellungen zum Thema »Mensch und Pferd« dominiert wird. Die Fenster sind ziemlich hoch, Bilder brauchen Licht, wie wir alle. Im linken Ende des Kunsthauses ist die Bank Leu untergebracht, zwei Messingtafeln flankieren den Eingang: »Change« und »Cambio«. Der neue Anbau des Kunsthauses ist das einzig wirklich schöne Haus am Platz. Es ist ein nüchterner Pfahlbau, darunter befindet sich ein Restaurant, in dem man sich von einer Ausstellung oder einem Theaterbesuch mit Sardellenbrötchen erholen kann, und das ganze Trottoir davor ist mit großen Steinfliesen ausgelegt. Solche aufwendigen

Sachen bezahlt in Basel die Chemie und in Zürich die Familie Bührle.

Der ganze Platz läuft fast versehentlich auf das Schauspielhausgebäude zu, das sich mit einer zerschlissenen Fassade gegen diese Ehre wehrt. Ein dreistöckiges Haus mit zwei Erkertürmen und einem leicht vorgescho-
benen Mitteltrakt, im Giebelfeld ein eiförmiges Zürcher 90
Wappen und zwei Füllhörner aus Stein, über dem Haupteingang die Aufschrift »Schauspielhaus«, links davon in gleicher Höhe »Blumen in alle Welt« und rechts »Buchhandlung«. Die ganze linke Fassadenhälfte hat man übrigens zu Reklamezwecken vermietet, man liest darauf »besser informiert – Neue Zürcher Zeitung«. Besser als wer steht nicht, vielleicht ist das Schauspielhaus gemeint.

Davor ist eine Tramhaltestelle, Nummer 5, 8 und 9, Drähte hängen herum, die ihrerseits wieder von quergespannten Drähten gehalten werden, die parallelen Drähte einer Trolleybuslinie kreuzen sie, Autos fahren in sechs Richtungen um die Asphaltinsel, welche das Zentrum des Platzes bildet, mit ein paar Bäumen, roten Bänken, einem Taxistandplatz und drei Telephonkabinen, die immer besetzt sind. Auch eine Säule ist da, über welche man die Polizei rufen kann, Hebel kurz drücken, Meldung abwarten, heißt es darauf, wenn man also eine Meldung hat, muß man zuerst die andere Meldung abwarten; ferner ein Kiosk, ein dorischer Kiosk, den Säulen nach zu schließen, aber mit einem Dachreiter auf dem First. Der hintere Teil davon dient als WC, an einer Tür hat es ein Täfelchen mit einer Frau darauf, an der andern Tür nicht, dafür zeigt die abgesetzte Stelle in Bodennähe, daß diese Tür öfters mit dem Fuß aufgestoßen wird, hier verkehren also die Männer.

Rechts gegenüber vom Schauspielhaus steht das Pianohaus Jecklin, bedeutend besser im Stand gehalten, weil es einem Privatmann gehört, und links gegenüber ein vierstöckiges Eckhaus, das aus der Pionierzeit des Wohnblockbaus stammt, mit durchgehenden Balkonen auf die Sonnen- und Lärmseite und dem Titel »Haus am Heim-

platz«. Vis-à-vis vom Kunsthaus schließlich befindet sich der Turnplatz der Kantonsschule, eingerahmt von zwei brüchigen Turnhallen, man hat das Gefühl, schon ein Medizinball könne sie zum Einsturz bringen. Die eine erinnert an einen Schlachthof und die andere an die Maggifabrik Kemptthal, sie wirkt wie aus Suppenwür-
91 feln gebaut.

Der Kern des Platzes ist mit einer Buchshecke gegen das Pissoir abgeschirmt und besteht aus einem kleinen Stück Boden zuinnerst auf der Asphaltinsel, das ganz mit Lorbeer bepflanzt ist. Darum herum stehen ein paar Bänklein, den Straßen zugewandt. In der Mitte des Lorbeerbeetes erhebt sich ein mannshoher Sockel, auf welchem der Kopf von Ignaz Heim in Gips aufgespießt ist. Er dreht dem Schauspielhaus den Nacken zu und blickt unverwandt, aufrichtig und anerkennend zum Bührle-Neubau hinüber. Laut Inschrift war er ein hochverdienter Förderer des Volksgesangs von 1818–1880, und er sieht aus, als ob er nur in C-Dur komponiert habe. Da ich noch zwei Gesangbücher meines Großvaters besitze, Eidgenoss I und II, kann ich nachweisen, daß dieser Eindruck täuscht. So ist zum Beispiel sein Lied »Schweigsam treibt ein morscher Einbaum« in As-Dur.

Wien

Ich habe einmal auf einem Kalenderblatt einen türkischen Spruch gelesen, der besagte, daß jedem Menschen zum voraus ein bestimmtes Maß an Essen, Trinken und Schlafen zugemessen sei, und je üppiger er esse, trinke und schlafe, desto eher habe er dieses Maß aufgebraucht und müsse sterben.

Wien hat sein Maß an Geschmack in der Klassik und im ausgehenden letzten Jahrhundert aufgebraucht, Schönberg hat der Leiche noch die Augen zugedrückt, und seither liegt sie da, wohlbalsamiert und aufgebahrt, behütet von den besten Tempelwächtern und Mausoleumswärtern. Aber man hat es den Leuten noch nicht zu sagen gewagt. Für den Wiener ist die Schönheit Wiens ein Axiom, ein Gespräch ist immer nur über die Nuancen dieser Schönheit möglich, ein Punkt, in dem die Wiener den Schweizern ähnlich sind.

Wien war den Lebenden nie besonders günstig gesinnt. Keine andere Stadt hat soviel Sterbezimmer berühmter Leute. Die Konzerte haben hier etwas von Totenehrungen, eine andächtige Gemeinde trifft sich im festen Vorsatz, sich auch heute wieder von Bruckner und Richard Strauß erschüttern zu lassen. Man gedenkt hier lieber, als daß man denkt.

Da die Stadt keine Gegenwart hat, stellt sie ihre Vergangenheit zur Schau. His aedibus adhaeret concors populorum amor, heißt es über der neuen Hofburg, und es deprimiert einen, daß diese Inschrift recht hat, alle lieben diese Gebäude, alle freuen sich daran, viele kommen von weit her, wenige stoßen sich daran, daß immer nur das Volk den Herrschern Denkmäler errichtet und nie die Herrscher dem Volk.

Man sagt, die Wiener seien höflich. Das ist nicht

wahr, sie sind bloß ausdrücklich. Sie versuchen, die Wirklichkeit in der Sprache nochmals zu wiederholen. Eine Türe ist in Wien nie geschlossen oder zu, sondern zugesperrt. Das ist endgültig. Ein Briefkasten wird nicht geleert, sondern ausgehoben, und zwar auf einer großen Post nicht durchgehend, sondern durchlaufend. Da ein
93 Metzger ins Fleisch haut, ist er ein Fleischhauer, aus demselben Grund ist ein Winzer ein Weinhauer – wenigstens fast aus demselben Grund. Was andernorts hergestellt, fabriziert oder einfach gemacht wird, das wird hier erzeugt. Man kann also unter einem Firmennamen durchaus lesen »Erzeugung von Hosenträgern und Sokkenhaltern« oder »Jagd- und Wohnstubenerzeugung«, Ausdrücke, bei denen einem seltsam ursprünglich zumut wird. Seit ich einmal in Wien mit den Worten »Setzen Sie sich nieder« aufgefordert wurde, Platz zu nehmen, weiß ich erst, was das heißt, sich setzen.

Trotzdem hat man nicht das Gefühl, daß eine Aufschrift wie »Innung der Lebzelter und Wachszieher« den Sachverhalt wirklich treffe, die Sprache stammt, wie das meiste in Wien, aus einer andern Zeit, es sieht auch gar nicht so aus, als ob man hier wirklich spräche, viel eher, als ob man sich die Sprache bieten lasse.

Die Währung ist übrigens auch nicht besonders.

Yverdon

In Yverdon werden Schreibmaschinen hergestellt. Auf meiner Schreibmaschine steht die Aufschrift

E. Paillard & Cie. S. A. Yverdon (Suisse)

Es ist eine schwarze Hermes Media, die mir mein Vater geschenkt hat, als er sich eine neue kaufte. Er hat sie seinerseits von seinem Schwiegervater bekommen, von meinem Großvater mütterlicherseits also, vor etwa dreißig Jahren. Als ich sie einmal in die Revision brachte, sagte man mir, das sei ein Armeemodell und nicht umzubringen.

Meinen Großvater habe ich nur als sehr alten Mann in Erinnerung, der in einem Miethaus in Biel lebte und an Erdstrahlen glaubte. In seinem Zimmer waren Schnüre gespannt, Röhren mit Kupferdrähten umwickelt und eine Chaiselongue nach Norden gestellt. Immer, wenn man zu Besuch kam, wurde man von ihm gemessen, er nahm einen Meter aus der Tasche, auf den man die Hand legen mußte, dann hielt er seine linke Hand darüber und ließ mit der rechten ein kleines Pendel schwingen, das dann an einem bestimmten Punkt des Meters zum Stehen kam. Meistens schaute dabei heraus, daß man mehr Honig essen solle. Er hörte fast nichts mehr, stand jeden Morgen um sechs Uhr auf und stellte die Frühnachrichten an. Er wollte nur das Wetter wissen, nachher drehte er ab. Auch die sprechende Uhr hörte er immer, richtete seine Armbanduhr danach, verglich sie mit der Küchenuhr und zog die Wanduhr in der Stube auf. Diese Wanduhr war mir immer etwas unheimlich, sie hatte ein großes Pendel mit einem langsam schleifenden Geräusch, und daneben hing ein düsteres Bild von Ludwig van Beethoven. Wenn ich in Biel in den Ferien war, legte mein Großvater jede Nacht das Pendel still, damit ich keine Angst hatte.

Mein Großvater sah ungefähr aus wie Pablo Casals. Da er als Kind kein Instrument lernen konnte, wollte er das als Erwachsener nachholen und ließ sich ein Cello bauen. Sein kleiner Finger war aber so klein, daß alle Töne zu tief wurden, die er damit drückte, und so gab er das Cellospielen wieder auf und lernte Mandoline. Sein Cello habe ich bekommen, als ich zwölf Jahre alt war. Jedesmal, wenn mein Großvater zu Besuch kam, mußte ich ihm etwas darauf vorspielen, und jedesmal erzählte er mir die Geschichte von seinem kleinen Finger.

Vor vier Jahren ist mein Großvater gestorben, und die Großmutter lebt heute in einem Altersheim. Sie trägt beide Eheringe und hat ein Bild von ihm aufgestellt.

Ich habe kein Bild von ihm aufgestellt und denke auch nicht mehr viel an ihn, aber alle Musik, die ich spiele, spiele ich auf seinem Cello, und alle Texte, die ich schreibe, schreibe ich auf seiner Schreibmaschine aus Yverdon.

Zu Hause

Heute war ich zu Hause.

Es war Sonntag, und um 9 Uhr frühstückten wir, es gab selbergemachtes Brot von meiner Frau und selbergemachte Hagebuttenconfiture von mir. Nach dem Frühstück mußte der Kleinste gestillt werden, und ich wollte eigentlich in mein Musikatelier hinübergehen, aber Lukas stand da, und es war schönes Wetter, und so ging ich mit ihm in den Garten. Als ich ihm die Stiefel anzog, sagte er, gell, den Stiefeln kann man Stiefel sagen. Ich bekräftigte ihn in dieser Annahme, und er fuhr nun fort, der Türe Türe zu sagen, der Treppe Treppe und dem Haus Haus, bis wir im Garten waren, dem er Garten sagte.

Ich bewohne ein altes, im Verfall begriffenes Haus, das jahrelang leerstand. Es ist von einem großen Grundstück umgeben, das früher, vor etwa vierzig Jahren, den schönsten Rosengarten des Dorfes beherbergte, aber heute ziemlich verwildert ist. In diesen Garten, der auch Anlaß zu Beschwerden von Nachbarn gibt – den einen stören die Brombeeren, der andere will bei sich Beeren setzen und verlangt die regelmäßige Abmähung des darüberliegenden Hanges – in diesen Garten also gingen wir zusammen, nachzusehen, ob es schon Haselnüsse gibt. Diejenigen, die ich sah, waren aber entweder ganz braun oder ganz grün, wir waren gleichermaßen zu früh und zu spät, und so gingen wir zu den Birken hinunter, um vom Herbstwind herabgewehte Zweige aufzulesen.

Nachdem wir zwei schöne Bündel gemacht haben, die ich zum Anfeuern brauchen kann, gehen wir wieder ins Haus, und ich verziehe mich ins Atelier nebenan, das früher ein Pferdestall war und dann das Atelier eines Malers und jetzt mein Musikatelier. Um halb ein Uhr komme ich zurück, es riecht sehr gut, Lukas ruft mir begeistert das Wort Poulet entgegen, ich gehe in die Küche und schneide es auf, mit einem Riesenmesser, das ich einmal gekauft habe, als ich etwas über Messer schreiben wollte, und das meiner Frau immer etwas unheimlich ist, zu Recht übrigens.

97 Das Essen ist wirklich delikat, coq au vin, etwa ein halber Liter vin ist in der Sauce, den Rest der Flasche trinke ich dazu.

Während Lukas in seinem Zimmer Mittag macht, machen wir uns einen Kaffee, und mit unserm Kaffee ist auch sein Mittag zu Ende, der ohnehin unterbrochen war durch Forderungen nach Nastüchern und nach Öffnen der Hosenträger zum Brünzeln.

Am Nachmittag gehen Lukas und ich nochmals in den Garten, ich habe letzten Winter einen Kompost angelegt und nachher erfahren, daß das nur einen Sinn hat, wenn man ihn auch umschichtet, das heißt, es muß ein zweites Geviert neben das erste, und damit habe ich gestern angefangen. Ich habe Holzpfähle vorn spitz zugesägt und sie mit einem großen Scheit, das ich als Hammer benützte, in den Boden gerammt. Dann habe ich 15 cm lange Nägel, die man als 150er Nägel verlangen muß, wenn man im Eisenwarenladen etwas gelten will, in einem Schraubstock mit dem Hammer krummgeschlagen und in die Pfähle getrieben, als Halter für die Bretter, die ich nun eines übers andere einschieben kann, bis das neue Geviert fertig dasteht.

Nun schaufle ich den ganzen Kompost in dieses neue Gehege, und Lukas versucht die halbverfaulten Bestandteile zu identifizieren, indem er einen Apfel einen Apfel nennt und eine Zitronenschale eine Zitronenschale. Zu einem dicken Regenwurm, den er in die Finger nimmt, sagt er ärgerlich, tue dich doch verlengere, weil gestern einer in dieser Stellung fast doppelt so lang geworden war. Hinderlich sind Kinder insofern, als sie häufig am selben Ort sein wollen wie die Erwachsenen, also nicht etwa knapp daneben, sondern genau am selben Ort.

Deshalb stolpern sie so oft vor einem auf den Treppen oder fallen einem zwischen die Beine, oder sie kriegen auch einmal einen Stoß ab, wenn man einen Kompost umschaufelt.

Meine Frau bringt Äpfel, als wir eine Pause machen, und Lukas sagt, es ist uns gerade ein wenig verleidet.

Der Tag ging dann so zu Ende, daß ich um sechs Uhr 98
abends nach Stuttgart abreisen mußte, unsere Mitbewohner, die sonst immer im Haus sind, sind heute nicht im Haus, Lukas badet, Kaspar trinkt, Ursula tränkt, ich habe mein Zeug gepackt, habe noch auf dem Schreibtischzettel gesehen, was ich alles hätte tun sollen, und schiebe es zu dem, was ich nächstes Wochenende auch nicht tun werde.

Vom Hauptbahnhof aus rufe ich noch einmal an, Kaspar schläft, Lukas hat fertig gebadet, ist nun im Schlafanzug und geht auch bald ins Bett.

Jetzt, wo ich das schreibe, bin ich schon in Stuttgart im Hotel. Ich habe hier alles, was ich brauche, fließend Wasser, Dusche, Zimmerradio und Fernsehapparat, nur die Toilette ist auf dem Gang, aber das stört mich nicht, ich mache gern zwischenhinein ein paar Schritte.

Bei den Vorfahren

99 Letzthin habe ich mit meinem Vater zusammen einen Nachmittag bei unsern Vorfahren verbracht. Sie befinden sich im Ortsregister meiner Heimatgemeinde, das bis 1648 zurückreicht, wo ein Pfarrer mit säuberlicher Handschrift ein Verzeichnis der Geburten, Heiraten und Todesfälle begann, nachdem das alte den Dreißigjährigen Krieg nicht überstanden hatte. Der Gemeindeschreiber hat die Bücher sorgfältig vor uns aufgeschichtet, er hat sie in einer Art dargebracht, als trüge er etwas Lebendiges in den Armen.

Will man seine Vorfahren ermitteln, geht man von jemandem aus, den man noch namentlich kennt, also z. B. vom Urgroßvater, schaut im Register unter dessen Geburtsdatum nach, findet dort verzeichnet, wer seine Eltern waren, sucht deren Geburtsdatum, findet es vielleicht, vielleicht hat es aber auch mehrere gleichen Namens, die es gewesen sein könnten, schiebt das Verfolgen der weiblichen Vorfahren noch auf, weil man die männlichen wichtiger findet und gelangt schließlich mit halber Sicherheit zu einem Namen, von dem aus es nicht weiter zurückgeht. Mein ältester schriftlich erfaßter Vorfahre hieß Hans Friedli Hohler. Seine Ehe war, als das Gemeindebuch eröffnet wurde, bereits im Gange, er hatte acht Kinder, davon hießen drei Johannes. Die ersten zwei sind bei der Geburt gestorben, der dritte war dann lebensfähig. Später sehe ich allerdings unter »nomina defunctorum«, daß er mit 18 Jahren gestorben ist. Auf der Suche nach den Vorfahren gefällt man sich im Gedanken, daß man mit diesen Menschen, ohne das geringste von ihnen zu wissen, auf irgendeine Art verbunden sein könnte, daß man vielleicht noch einen Zug in oder an sich selbst hat, eine Geste möglicherweise oder eine Art zu reagieren, bei der ein Zeitgenosse des Hans Friedli sagen würde: grad wie der Hans Friedli.

Mein Familienname ist heute selten, so selten, daß ich neugierig werde, wenn ich jemanden treffe, der auch so heißt.

Wenn mir dann ein 70jähriger Hohler erzählt, er
habe in seiner Jugendzeit im Dorf mit seinen fünf Brü- 100
dern zusammen ein Bläsersextett gehabt, mit dem sie Tanzmusik gemacht hätten, fühle ich mich irgendwie bestätigt, auch wenn ich von den Theateraufführungen, Männerchören und Schnitzelbänken höre, scheint mir, es sei gerade in diesem Dorf und gerade unter diesen Leuten etwas in der Luft gewesen, eine Freude am nutzlos Schönen, an der Form überhaupt, in der ich mich selbst wiedererkenne.

Beim Durchblättern des Ortsregisters wird aber der seltene Name immer unseltener, Hunderte von Leuten tauchen auf, die sich umdrehten, wenn man sie so anrief, da gab es welche, die hießen zum Vornamen Barnabas, Wunibald, Fridolin, Abraham, Euphrosine. Beim Namen Albertine Hohler erinnert sich mein Vater, daß sich seine Großmutter noch an diese Frau erinnert hatte.

Auch Franz Hohler sind schon viele dagewesen, einer war Gemeindeschreiber, noch früher finde ich einen, der am 22. Oktober 1746 starb, de arbore lapsus, schrieb der Pfarrer noch dazu, also von einem Baum gefallen, und weiter, daß er nach dem Sturz noch 14 Tage in Schmerzen gelebt habe und erst dann gestorben sei.

Ein anderer Franz Hohler ist 1904 in der Limmat ertrunken, aus welchem Grund, steht nicht, und wieder einer, ein Bruder meines Urgroßvaters, ist 1879 nach Amerika ausgewandert.

Bei Verwandten wird uns nachher ein Brief gezeigt, in welchem der Tod eines Frank Hohler geschildert wird, wahrscheinlich der Sohn des Ausgewanderten. Im Brief, der vor zwölf Jahren geschrieben wurde, heißt es: "Frank was blessed with a happy disposition, he could sing and laugh and joke up to the last minute."

Und für Momente schlägt einem etwas wie Kälte aus dem Buch entgegen, wenn bei einem Paar, das sein Kind zur Taufe bringt, steht: Vagabundi et acatholici. Oder wenn bei zwei andern »vagi«, Anna Maria Büechlerin und Johannes Kuder, steht: patriam habent nullam, Vaterland haben sie keines. Überhaupt das Latein, das
101 Seminarlatein der Dorfpfarrherren, das ist eine Sprache, die ich verstehe, ad aeternitatem migravit, er wanderte in die Ewigkeit, repentina morte obiit, starb eines plötzlichen Todes, oder von einem alten Mann: senex ac mendicus, Greis und erst noch Bettler. Mein Heimatort gehörte damals noch zu Österreich, deshalb ist es auch ungewöhnlich, tönt fast wie ein Privileg, wenn bei der Herkunft steht: Ex Helvetia. Aus der Schweiz.

Am Ende eines Nachmittags mit diesen Büchern bleibt auf einmal nichts mehr übrig von der Langsamkeit und Ruhe der Vergangenheit, alles verdichtet sich zu einer großen Hast, einer Hast im Gebären und Sterben, die so groß war, daß einer der Pfarrer, der die Eintragungen machte, sich gar nicht die Mühe nahm, ein Neugeborenes, das wenig später starb, noch bei den Todesfällen aufzuführen, sondern immer nur mit zwei starken Federstrichen den Namen durchkreuzte, abkreuzte eher, erledigt, tot, der nächste, drei Johannes, vier Johannes, bis endlich einer lebt; stirbt einem seine Frau, wird gleich nochmals geheiratet und wieder gezeugt, um in diesen Zeiten des plötzlichen Todes möglichst viel Leben zu hinterlassen, Trauzeuge war während eines Vierteljahrhunderts fast immer ein Isaak Hohler, vielleicht ein guter Unterhalter oder ein wohlhabender Mann oder beides zusammen, jetzt, da niemand mehr von ihm erzählen kann, ist er nur noch einer, der zu seiner Zeit von Fest zu Fest eilte, im Verzeichnis wird das Leben gewaltig abgekürzt, Geburt ein Datum, Tod das zweite, auf jeden, der heute noch lebt, lauert im Register schon das leere Kästchen mit dem zweiten Datum, und die Unweigerlichkeit, mit der die paar Ziffern früher oder später vom Gemeindeschreiber eingesetzt werden, der Tag, der Monat und das Jahr, macht alles zwischendrin so schnell und hilflos, daß einem beim Gedanken an die Dorftheater, Bläsersextette und Schnitzelbänke fast die Tränen kommen.

Früher muß es nachts dunkler gewesen sein.

An der Bundesfeier

103 Dieses Jahr habe ich die Bundesfeier besucht, welche die Republikaner auf der Forch veranstalteten.

Vom Parkplatz zum Wehrmännerdenkmal ging ich hinter einem Waadtländer her, der in Tracht gekommen war und eine große Fahne seines Kantons über der Schulter trug. Als man auf halbem Weg an einem Sanitätszelt vorbeikam, rief der Waadtländer einem Mann namens Nägeli, den er kannte, »Nägeli!« zu, während hinter mir einer auf Baseldeutsch sagte, in die Landschaft müßten sie noch stärker hineinkommen.

Nachher mußte man zur Seite treten, weil drei Polizeiautos im Schrittempo hinauffuhren.

Ich erhielt ein grünes Programm und trat zu der Festgemeinde, so, daß ich von der Seite knapp auf das Rednerpult sah, an dem ein Dr. Hegg gerade dazu aufforderte, das Versauen und Verschmieren anderen zu überlassen.

Viele Leute hatten sich auf den Stufen des Denkmals niedergelassen, andere, die Mehrzahl, auf dem Bord gegenüber, einige hatten Feldstühle mitgebracht, auf denen sie nun saßen.

Das Denkmal, welches eine Flamme darstellt, ist übrigens den Schweizern gewidmet, die im Ersten Weltkrieg beim Militärdienst ums Leben kamen, und wird im Volksmund als gefrorener Furz bezeichnet. Es war eine zeitlang sehr häßlich, aber heute, wo man diesen Stil erneut zu schätzen beginnt, ist es wieder schön.

Jetzt wurde Herr de Meuron aus Neuenburg angesagt, der den Gruß der Welschen überbrachte, und von dessen schneidigen Worten mir der Satz hängengeblieben ist: On ne meurt pas pour une société anonyme!

Die Grüße der Tessiner übermittelte ein jugendlich

aussehender Mann, der als Bruno Abderhalden vorgestellt wurde und beim Verlesen seines Textes einmal ein Blatt zuviel umkehrte, so daß er einen Satz, in dem das Wort »eroiche« vorkam, wieder abbrechen mußte.

Währenddem Nationalrat Oehen von der weit verbreiteten Geringschätzung unseres Nationalfeiertages
sprach, merkte man, daß weiter hinten etwas geschah. 104
Oehen bat die Festgemeinde, die Aufmerksamkeit ihm zuzuwenden, trotzdem wurde nun allgemein gemutmaßt, was wohl los sei, einige Männer standen entschlossen auf und gingen nach hinten.

Dort hatte sich offenbar ein Kampf um eine rote Fahne abgespielt, die ich noch wie einen Speer den Hügel hinunterfliegen sah. Ein Demonstrant lag am Boden, die Beine über dem Körper dicht angezogen, während auf ihn eingeschlagen wurde. Er wurde von der Polizei befreit und festgenommen, zwei Kantonspolizisten hielten ihn mit eisernem Griff, der eine der beiden machte seine Ratlosigkeit mit einem grimmigen Gesichtsausdruck wett.

Die Leute hörten jetzt eine Weile nicht mehr zu, sondern besprachen halblaut den Vorfall. Schickt nur noch mehr auf die Hochschulen, sagte einer mit Schweißperlen auf dem Haarboden, und, die Presse unterstützt sie ja noch, ein anderer, oder, als sich zwei Fernsehleute in die Krawallrichtung entfernten, das ist etwas für euch, das könnt ihr wieder aufbauschen. Als nun der Bundesbrief vorgelesen wurde, beruhigten sich die Festteilnehmer etwas, und hinter mir flüsterte eine Frau, dä do vorne im bruune Pullover sett me n au usegheie, dä stört doch au mit sine Heftli. Es war ein junger Mann, der mit provozierend freundlichem Gesichtsausdruck eine kommunistische Schrift feilbot.

Dann trat Fritz Schäuffele, von dem ich als Knabe ein Jugendbuch über die Wikinger gelesen habe, an das Rednerpult und trug ein selbergemachtes Gedicht über den 1. August vor, das mit den Worten »Sie wollen ihn uns verleiden« begann. Von ihm war auch der Text zur Republikaner-Hymne, die anschließend erstmals gesungen wurde, und die sich etwa mit den Worten Streit, Freiheit, Zeit, bereit zusammenfassen läßt.

Beim Auftritt von James Schwarzenbach ertönten einige Pfiffe, aber sonst war es während seiner Rede außerordentlich ruhig. Er sprach Mundart und wies auf den blauen Himmel hin, wobei ich mir vorstellte, daß im
105 Manuskript noch eine Schlechtwettervariante in Klammer dabeistehen mußte, in der wahrscheinlich das Wort »trotz« vorgekommen wäre.

Was er sagte, hätte über weite Strecken von einem Kommunisten oder Sozialisten sein können, sein Haß auf die Banken, die Spekulation, die Großindustrie, das interessenvertretende Parlament erntete sozusagen satzweise Zustimmung, fast bei jeder seiner Forderungen wurde applaudiert, nur als er persönliche Freiheit für jeden forderte, klatschte niemand. Mit großem Erfolg zählte er echte Feinde auf, also die modernen Vögte hinter den Banktresoren oder die Planer, die unser Land verplanen. An diesem Punkt kam dann auch die politische Abzweigung nach rechts, indem er sämtliche sozialisierenden Maßnahmen ablehnte und die Schweiz der Zukunft als ein genügsames Land schilderte, das von bescheidenen Gewerbetreibenden und Kleinhändlern bewohnt wird und wieder sich selbst gehört, und nicht den Ausländern. Er betonte immer wieder, daß wir selber zum Rechten sehen müssen, und schloß mit einem Zitat von Gottfried Keller.

Als die Landeshymne angestimmt wurde, ging ich schon den Hügel hinunter.

Dann hörte man plötzlich, wie ein Sprechchor einen Vers skandierte, dessen erste Zeile lautete: »Schwarzenbach-Partei!« und sich, soviel ich verstand, in der zweiten Zeile auf »hei« reimte. Mit diesem Ruf zog eine Gruppe von Blue-Jeans-Leuten unterhalb des Denkmals durch. Von der Anhöhe herunter stürzten sich nun Männer mit Knüppeln und Fahnenstangen auf das Züglein, das unter ihren Hieben bald auseinanderstob, und das alles sah von weitem, zu den dünnen Klängen der Landeshymne, mit dem höchst farbigen Wurm von Menschen, der sich vom Hügel herabwand, und den weißen Hemden der Kämpfer, die in der Sonne morgartenhaft leuchteten, äußerst lieblich aus.

Beim Sanitätszelt rieb man sich in der Hoffnung auf
Verletzte schon die Hände, eine Tragbahre lehnte ein-
ladend bereit, mitten auf dem Weg stand ein Alphorn- 106
bläser, der die Töne nie gleich traf, und neben mir sagte
jemand im Hinabgehen: Die Soubruet isch halt überall.

An der Demonstration

107 Heute habe ich an einer Demonstration gegen das geplante Atomkraftwerk in Kaiseraugst teilgenommen.

Lukas, der Kaiseraugst als Kaiserangst aussprach, rief mir nach: »E Grueß!«

Aus Gründen der Stilreinheit fuhr ich mit dem Zug, obwohl die Verbindungen sehr schlecht waren.

In Brugg, wo ich umsteigen mußte, fielen mir zwei Männer auf, die auch warteten, einer mit Baskenmütze, der andere mit Bart, ferner einige langhaarige Burschen in Reportermänteln. Auf der anderen Seite des Geleises wartete eine größere Trachtengruppe auf den Zug nach Zürich, wo an diesem Sonntag ein Trachtenfest stattfand.

Nach einer halben Stunde fährt der Bummelzug Richtung Basel ein, ich habe – ein kleiner Stilbruch – 1. Klasse gelöst, im Gegensatz zu den andern Wartenden, und steige ins einzige Nichtraucherabteil, in dem schon ein Mann sitzt, mit uneinsichtigem Gesicht, der dauernd Kambly-Biscuits verzehrt, und zwar auf eine Art, die mich beinahe zum Wechsel ins Raucherabteil bewegt. Auf der Fahrt erwäge ich die Schaffung von Esser- und Nichtesserabteilen und überlege mir auch, weshalb die Natur die Hagebutten mit derart scharfen Dornen verteidigt. Die Dokumentation der Atomkraftwerksgegner habe ich bis Brugg gelesen, im großen und ganzen bin ich mit ihnen einverstanden, bin aber zugleich von der weltweiten Unausweichlichkeit des Wahnsinns überzeugt, zu der auch die Unmöglichkeit eines Rüstungsabbaus gehört. Daraus leite ich übrigens die Notwendigkeit ab, gegen den Wahnsinn und für den Rüstungsabbau zu demonstrieren, aber das ist meine Sache.

Es ist sonnig, in Frick stehen zwei gelbe Postautos, vor denen niemand wartet, die Chauffeure sitzen auf einem Mäuerchen und unterhalten sich. Für Bummelzüge würde ich durchs Feuer gehen. Ab Möhlin höre ich im benachbarten Abteil den mir von meinen Großeltern her vertrauten Fricktaler Dialekt, i glaub it, sagt jemand, das heißt: Ich glaube nicht.

Immer mehr junge Leute steigen unterwegs ein, nur
die erste Klasse bleibt leer, bis auf mich und den Herrn, 108
der inzwischen die Biscuitschachtel ausgegessen und in
den Abfallbehälter gemurkst hat.

Endlich sind wir in Kaiseraugst, die Passagiere ergießen sich auf das Bahnhofsareal, die Baskenmütze und der Bart sind wieder zu sehen, und zu meinem Erstaunen steigt auch der Herr mit den Biscuits im Bauch aus und macht sich auf den Weg zum Gelände.

Die Demonstration spielt sich auf dem Boden ab, auf dem das Atomkraftwerk gebaut werden soll, mittendrin ragt ein Gerüstturm schlank und stahlgrau in die Höhe, man hält ihn sofort für das Profil des Kühlturms, es ist aber, wie mir später ein Einheimischer sagt, ein meteorologischer Turm, unten ist er eingehagt, der Zaun umschließt auch ein Wärterhäuschen mit einem Gärtchen, in dem Begonien blühen. Der Kühlturm würde beträchtlich höher.

Auf dem Gelände sind Bänke und Tische volksfestartig angeordnet, zuvorderst ist eine mit Plastik gedeckte Bühne, auf welcher die Referenten und Votanten sich ablösen. Weiter hinten befinden sich die Stände mit Informationsmaterial, nur solche der Gegner natürlich, am meisten Interesse findet ein Stand, an dem ein Physiker erklärt, was Radioaktivität ist, sowie ein Stand, an dem man gratis heiße Milch und Ovomaltine haben kann.

Unter den Anwesenden gibt es viele, deren Gesichter dem unter der Baskenmütze gleichen, Leute mit intensivem Blick, die zur Hohlwangigkeit neigen. Sehr viele Junge unter zwanzig Jahren, die so aussehen, wie Junge unter zwanzig aussehen, dann auch die reinen Ablehnungsgesichter, für die Technik und Fremdenhaß irgendwie dasselbe sind. Ganz vorn an der Tribüne stehen drei

Bauern, mit schwarzen Zipfelmützen und skeptischem Blick. Viele aparte Frauen um die vierzig herum fallen mir auch auf.

Kurz nach der ersten Ansprache, in der der Karikaturist Jürgen von Tomëi das Atomkraftwerk als Karikatur bezeichnet, prüft ein gewaltiger Gewitterregen die
109 Versammlung auf ihre Standfestigkeit. Alle haben irgendeine Bedeckung mitgebracht, nur ich nicht, ich verdrücke mich zur Rednertribüne und überlebe trocken.

Die Leute, welche die Veranstaltung organisieren, erkenne ich nach einer Weile daran, daß sie alle Gummistiefel tragen. Einer der Redner, der ein Grußwort einer befreundeten Organisation überbringt, muß nachher sofort abreisen zu einer weiteren Geländebesetzung im elsässischen Marckolsheim. Die meisten Redner überbringen gewaltlose, aber entschlossene Grußworte. Eindrücklich ist Ossip K. Flechtheim, ein kleiner, höchst normal aussehender Herr, der das Allgemeine so zu formulieren versteht, daß man überzeugt ist, etwas Konkretes gehört zu haben. Herr Molinari, Gemeindepräsident von Rheinfelden, legt dar, warum das Atomkraftwerk für Rheinfelden unzumutbar ist, und von Trudy Gersters Rede bekomme ich nur den Schlußappell an die Wissenschaft mit, da ich rasch eine Cervelat essen mußte.

Viele Eltern haben ihre Kinder mitgebracht, zwischen zwei Ansprachen werden Agnes und ihr Brüderlein über den Lautsprecher ausgerufen bzw. deren Eltern darauf aufmerksam gemacht, daß die beiden beim Kasperlitheater warten. Eine Malwand lädt die Kinder ein, zum Thema Atomkraftwerk oder Umweltschutz zu malen, am besten gefällt mir ein Totenkopf mit einer Zigarette, neben welchem steht: Rauchen ist Dein Tod. Zwischen den Bänken geht ein hochgeschossener Vegetarier durch und bietet aus einem großen Korb Radieschen und rohe Rüben an, später sehe ich ihn beim Verteilen einer Schrift mit dem Titel »Volksaufklärung über Gesundheitsschäden durch erhitzte und vergiftete Nahrung«, wobei mit Erhitzen einfach Kochen gemeint ist.

Die Abfolge der Reden wird durch musikalische Darbietungen unterbrochen. Ernst Born, ein junger Basler Liedermacher (es gibt eigentlich *nur* junge Liedermacher) hat das Pech, daß ihm während des Vortrags seines ersten Liedes das Mikrofon ausfällt. Am Schluß fragt er, ob mans verstanden habe, alle rufen »nein!«, er fragt, ob
ers nochmals singen solle, nun rufen einige »ja!«, andere 110
aber hörbar »nein!«, worauf er es nochmals singt und dann vom Veranstaltungsleiter erfährt, daß das gleichzeitig sein letztes Lied gewesen sei.

Gegen Ende der Demonstration, mitten in einem zweiten Regenguß, komme ich selbst dran. Ich richte zuerst den Gruß meines Sohnes aus, ziehe dann eine Gasmaskenbrille und ein Paar Eishockeyhandschuhe an und singe mein Sprechlied vom Weltuntergang, das ich auf einem bereitgestellten Ölfaß begleite. Wie ich zu Ende bin, bin ich erleichtert, daß ich nicht drausgefallen bin, und kann mir nun in Ruhe die zwei letzten Voten anhören, von denen ich nichts mehr weiß. Es ist überhaupt nicht üblich, das ist mir zusätzlich aufgefallen, daß die verschiedenen Votanten einander auch selbst zuhören, wenn einer fertig ist, tuschelt er meist noch eine Weile irgendetwas mit dem Leiter oder einer dastehenden Person.

Eine Resolution wird gefaßt, einstimmig, eine Gegenmeinung hätte hier auch bedeutend mehr Mut gebraucht als das Vortragen von etwas Passendem. Es schließt sich eine Publikumsdiskussion an, in der sich mehrere Leute mit ähnlichen Beiträgen melden und in der vergeblich nach einem Herrn Fischer Ausschau gehalten wird, der die Interessen der Motor Columbus, Bauherrin dieses Kraftwerks, verträte. Ein wirrer Typ hält mir eine Zeichnung vor die Augen, auf der die Erde mit einer Kartoffel verglichen wird, woraus dann über magnetische Umwege die Notwendigkeit von geothermischen Kraftwerken hervorgeht. Er sei wegen dieser Theorien von der Universität geflogen und verkaufe nun diese Zeichnung für zwei, drei Franken, weil er ziemlich pleite sei. Ich kaufe ihm eine ab, verabschiede mich von den Veranstaltern und fahre mit Bekannten, die ich getroffen habe, nach Rheinfelden auf den Bahnhof.

Während der Heimfahrt sehe ich aus den Häusern schon überall das blaue Fernsehlicht leuchten.

Auf dem Schlachtfeld

»Dieser Krieg ist aus einem schrecklichen 112
Mangel an Phantasie entstanden.«

Franz Kafka über den 1. Weltkrieg

Vor fünfzig Jahren stand auf den Hügeln nördlich von Verdun kein Baum mehr. Auf Luftaufnahmen sieht man eine vollkommen bloße, sandartige Kraterlandschaft, die von Rissen durchzogen ist. Die Krater sind Geschoßeinschläge, die Risse sind Schützengräben.

Heute gedeiht hier eine seltsam reiche Vegetation. Aus den Geschoßtrichtern sind algenüberzogene Sumpftümpel geworden, mit knarrenden Fröschen, mit Schilf, Schachtelhalmen und Kanonenputzern. Hart daneben gibt es Föhren (sonst ein Zeichen für trockenen Boden) und ein rücksichtsloses Gedränge von Laub- und Nadelbäumen, teils im Efeu erstickend, teils von Nielen umklammert, aus dem ein Mischklang von Vogelrufen steigt, so dicht und üppig, als werde hier noch Leben nachgeholt. Dazwischen sprießen gekrümmte Eisenstücke aus der Erde, die man zunächst für Wurzeln hält, man merkt erst beim Darüberstolpern, bei diesem bösartigen Zurückschnellen, daß das kein Holz sein kann. Von den paar Straßen und Fußwegen, die die entscheidenden Punkte des einstigen Schlachtgeländes miteinander verbinden, getraut man sich nicht ab, denn noch sind weite Teile dieses Bodens scharf geladen.

Der Verbrauch an Eisen muß enorm gewesen sein. Bei einer Befestigungsanlage hat man noch eine Bombe im Boden stecken gelassen, mit dem Schwanz in der Höhe. Wie ich näherkomme, höre ich verzweifeltes Vogelpiepsen und sehe schließlich, daß durch den Spalt zwischen Geschoßmantel und -schwanz zwei Meisen geschlüpft sind, die nun im Innern der Bombe sitzen und nicht mehr hinauskönnen. Ich sehe auch keine Rettungsmöglichkeit und lasse sie in ihrer Todesfalle zurück. Nicht jeder Vogel, der in Verdun stirbt, hat das Glück, dies auf eine so wirkungsvolle Art hinter sich zu bringen wie jene Brieftaube, die mit der letzten Nachricht aus dem von den Deutschen eingeschlossenen Fort Vaux durch Wolken von Giftgas in ihren Bestimmungsschlag flog und kurz danach verendete. Die Taube erhielt ein Staatsbegräbnis, obwohl ihre Nachricht an der Kapitulation des Forts nichts mehr geändert hatte. Solche Tiergeschichten inmitten der Schlachtereignisse wirken irgendwie beruhigend, weil sie die Unmäßigkeit dessen, was geschehen ist, auf ein Maß verkleinern, das auch in die allergeringste Vorstellungskraft noch hineinpaßt.

Viele Soldaten müssen in den Kratern versunken sein. Einer, so liest man im Museum, sei in einen frisch entstandenen Trichter voll Dreck und Schlamm gerutscht, habe um Hilfe gerufen, ein Kamerad habe ihm darauf zweimal das Gewehr hingehalten, sei aber, als sich der andere nicht gleich daran hochziehen konnte, weitergegangen und habe ihn im Matsch ersticken lassen.

Genaugenommen ist das Wort »Soldat« nichts anderes als eine Beschönigung. Es erhebt den Anschein, die damit Bezeichneten seien ja dafür da, daß sie töten und getötet werden, darum gilt es auch als weniger schlimm, wenn Soldaten ums Leben kommen, als wenn es sogenannte Zivilisten trifft. Der Kanonier so und so, heißt es, oder der Artillerist oder der Mitrailleur, aber wahrscheinlich waren die meisten einfach junge Leute, die ratlos vor Schrecken aus irgendeinem Graben herausgefeuert haben.

Ein amerikanischer Kriegspsychologe nimmt aufgrund seiner Studien in Korea an, daß im Gefecht etwa 75 Prozent aller Soldaten durch die Angst nahezu gelähmt werden und nicht imstande sind, einen gezielten Schuß abzugeben oder eines der Manöver auszuführen, das sie ihrer Ausbildung nach beherrschen sollten. Die

wenigen, die das dann können, sind wohl auch die, die am Ende überleben, die Phantasielosen und die Freiwilligen. Der erste Franzose, der bei der Wiedereroberung das Fort Douaumont betrat, war ein neunzehnjähriger Freiwilliger, der tatsächlich Dumont hieß, Paul Dumont. »On y va?« habe er zu seinen Kameraden gesagt, bevor er hineingesprungen sei. Der deutsche Besatzungschef 114
muß darauf »Kommandantur« geschrien haben, worauf Dumont, der wußte, was sich gehört, nicht schoß, sondern ihn und seine Adjutanten gefangennahm. Die Vorarbeit für Dumont, die Säuberung der letzten Schützengräben, erledigten übrigens senegalesische und sambesische Truppen, also Afrikaner, die auf Seiten der Franzosen kämpften oder kämpfen mußten.

Auch wenn man nur als Bäcker eines Forts beim Kneten eines Teigs getroffen wurde, das Schlachtfeld war ein Feld der Ehre, un champ d'honneur, noch heute wird es als geweiht betrachtet, und laut deutschem Text ist verboten: *Essen – Freien – Camping – Musikspiele.*

Zwei Väter haben ihren Söhnen Grabkreuze errichtet, genau dort, wo sie gestorben waren, zwei unfreiwillige Einundzwanzigjährige. Tausende von Umgekommenen sind auf dem Soldatenfriedhof begraben, dessen strenge Ordnung sich in den Parkplätzen der anschließenden Gedenkstätte fortsetzt.

Verdun selbst, die Stadt Verdun wurde von den angreifenden Deutschen nicht eingenommen, hingegen wurden einige Dörfer im Kampfgebiet so gründlich zerstört, daß man sie nicht wieder aufgebaut hat. Eine normale Ortstafel an der Straße kündigt an:

Fleury
devant Douaumont

Dort, wo aber das Dorf stehen sollte, steht nur eine zweite Tafel mit der Aufschrift

Ici était
Fleury

Hier war Fleury. Etwas weiter im Wald steht ein Denkmal, das die ausgelöschte Gemeinde Fleury denjenigen Söhnen des Dorfes gewidmet hat, die in dieser Schlacht ums Leben kamen, 8 Namen stehen darauf. 8 Männer waren also nicht von irgendwoher zu irgendwelchen Schützengräben gebracht worden, sondern hatten in den
115 Wäldern gekämpft, in denen sie als Knaben gespielt hatten, hatten die Häuser verteidigt, in denen sie aufgewachsen waren, für 8 Männer war es nicht ein Kampf um einen Begriff, sondern ein Kampf um einen Ort.

700 000 Menschen sollen insgesamt bei Verdun getötet worden sein. Etwas wie Trauer beschleicht einen, wenn man sagen soll, wie man das hätte vermeiden können. Oder soll man etwa sagen, damit diese 700 000 Menschen hätten am Leben bleiben können, hätten eben 700 000 Menschen den Dienst verweigern müssen? Das wäre eine einfache Mathematik, nur weiß man eben, daß das Leben keine Mathematik ist, und man weiß, daß es nicht möglich ist, daß alle den Dienst verweigern, alle 700 000, das wäre eine Ungeheuerlichkeit, das wäre einfach zuviel verlangt von den Leuten. Daß sie sich allerdings nachher in einem menschenunwürdigen Wirrwarr von Morast, Geschossen und Gas umbringen und umbringen lassen, sich gegenseitig zerstören und entstellen das kann man eigenartigerweise wieder verlangen von den Leuten. Doch, das schon.

Heute

HEUTE habe ich geträumt, ich sei in Olten, wo ich aufgewachsen bin, und müsse in der Kirche etwas reparieren, und zwar, wenn ich mich recht erinnere, eine Holzverkleidung im Chor, die aber früher zur Orgel gehörte, wie mir jemand anhand eines Fotos zeigt. Ich beginne an der Sache herumzuschräubeln, muß dazu ins Kirchenschiff schauen, das sich langsam zu füllen beginnt, es ist Sonntag, zehn vor neun Uhr, ich sehe in der Sakristei schon den Pfarrer meiner Kindheit im Priestergewand hin und her gehen. Ich schräuble also alles wieder zu, versuche auch noch einen lockeren Dübel festzumachen, wobei man mich vom Schiff aus etwa zur Hälfte sieht, unangenehmerweise. Ich ziehe mich in die Sakristei zurück, die Messe beginnt, ich warte, dann höre ich, daß plötzlich ein anderer Pfarrer auf italienisch predigt, ich lehne mich in die Türöffnung der Sakristei, aber der Pfarrer meiner Kindheit zischt mir zu: »Geh weg!« 116

Es kann übrigens auch durchaus die Orgel selbst gewesen sein, die ich reparieren mußte; wenn ich mehr auf meine Träume achten würde, wüßte ich das wohl, man kann sich ja im Träumen üben, sie mit dem Notizblock neben dem Bett belauern und beim Erwachen gleich mit Aufschreiben ahnden. Früher hat man Boten abgefangen, die mit irgendeiner Nachricht durchzukommen suchten – aufgeschriebene Träume sind solche Boten, die eine Nachricht bei sich haben, eine Nachricht allerdings von einem selbst, man ist doch größer, als man denkt, man hat auch abgelegne Teile, so weit weg, daß die Boten, die von dorther kommen, schon eine andere Sprache sprechen.

Ich muß doch mehr auf meine Träume achten, danach, das weiß ich noch, ging ich ins Kirchenschiff, ich machte

es so, daß ich von hinten herankommen konnte, und ging auf die linke Seite, wo nach unsrem Usus nur Frauen standen. Ich drückte mich leicht störend zwischen den Reihen durch (ich stell mich nicht zuhinterst hin, wo niemand wäre, den ich störte), setzte mich schließlich, von links kommend, rechts neben einen Mann, auf den näch-
117 sten Stuhl (es hat Stühle, nicht, wie in Wirklichkeit in der Kirche meiner Kindheit, Bänke), dann merke ich, daß ich ihm zu nahe komme, und setze mich so, daß ein Stuhl zwischen uns leerbleibt.

Heißt das nun etwas? Heißt das nun etwas anderes? Ist das nun eine Sprache, zu der man nur das Wörterbuch besitzen sollte, dann verstünde man alles?

Später mußte ich an einer Säbelfechterei teilnehmen, entweder im hinteren Teil der Kirche oder in einem Lokal, irgendwie ist es auch ein Spiel, sei es, daß es für einen Film ist oder daß ich weiß, daß es nur ein Traum ist, dennoch werde ich getroffen, in die Hüfte, sehr schmerzhaft, das sei ja gar nichts, sagt mein Gegner, da laß ich mich fallen und stelle mich tot, ich kriege noch einen geringfügigen Stich in den Rücken und bleibe im Getümmel liegen, die Sache hört sofort auf (war sie nur für mich arrangiert?), sonst bleibt niemand am Boden, ich liege in der Nähe der Türe, alle steigen nun sorgfältig über mich hinweg.

Gestern aber, gestern war ich in der Stadt, und das ist wahr, und für die Heimfahrt nahm ich aus Trauer 1. Klasse. Ich fand mich mitten unter Leuten, die behaglich über andrer Leute Unglück sprachen, einem ist die Harnröhre zugewachsen, der mußte drei Operationen machen lassen, das Kantonsspital ist völlig überfüllt, und ist erst vierunddreißig, von weiter hinten höre ich von einem, der hat durchgedreht, mit achtundzwanzig, ja im Aargau, und ein anderer hat natürlich Krebs, die Frau ist auch schon tot, und er kommt kaum mehr heim, ist zweiunddreißig, sanft und sicher hält der Zug in Zollikon, in Goldbach, Küsnacht, Erlenbach, in Winkel, und überall steigt man gediegen aus, mit Wintermänteln gegen den Abend gesichert, läßt das fremde Schicksal im Polster zurück und verschwindet am Ende des beleuchteten Perrons in Richtung seiner ölgeheizten Friedlichkeit, und als ich selber draußen bin und um mich schaue, wo mein Wagen steht, da träum ich nicht, da brauch ich keine Übersetzung, da fühle ich mich frei zum Abschuß.

Chicago

119 Diese Stadt ist auf Sand gebaut.

Wer hier einen Wolkenkratzer aufstellen will, muß zuerst Dutzende von Metern durch den Sandgrund graben, bis er auf Felsen stößt, die das Fundament halten können, d. h., er wird kaum selbst graben, sondern er wird graben lassen, und auch die Zeiten des Wortes »er« sind eigentlich vorbei, es sind mehrere Leute gemeinsam, die im Namen von noch mehreren Leuten beschließen, durch weitere Leute ein Fundament für einen Wolkenkratzer und dann auch den Wolkenkratzer selbst bauen zu lassen, damit man wieder einen Ort hat, von dem aus andere Leute im Namen wieder anderer Leute telefonieren und Briefe schreiben können.

Chicago ist eine Stadt, in der viele Leute im Namen anderer Leute telefonieren, Briefe schreiben und Wolkenkratzer bauen, wer hier lebt, habe ich gehört, atmet täglich gleich viel schlechte Luft ein, wie wenn er zwei Päcklein Zigaretten rauchen würde, wobei ein Raucher den Rauch der Zigaretten ja nicht schlecht findet, sondern ihn im Gegenteil deshalb einatmet, weil er für ihn einen Genuß bedeutet, obwohl er nachgewiesenermaßen schädliche Elemente enthält, und um diese schädlichen Elemente geht es auch beim Vergleich mit der Luft Chicagos.

Wer in dieser Stadt mit der Untergrundbahn zur Arbeit fährt oder fahren muß, jeden Tag, verliert in ein paar Jahren ein Drittel seines Gehörs, habe ich gehört. Der Lärm ist groß, die Bahn ist zum Teil eine Hochbahn, die einfach über den Straßen herfährt, auf eisernen Brücken, in gleicher Richtung, die Häuser links und rechts der Straßen sind so hoch, daß einem diese Zweistöckigkeit nicht als unnatürlich vorkommt. Unser hiesiger Konsul ist übrigens noch nie mit der Untergrundbahn gefahren.

Leute kommen aus Gassen, ganz hohen, engen, bei denen sich die Feuerleitern der beiden Mauern fast berühren, der Boden voll Abfall, so uneinladend, daß man es nur noch fotografieren möchte, aber eigentlich hat man diese Fotos schon gesehen. 120

Am Fuße dieser hohen Häuser jedoch wohnen freundliche Menschen. Sie sagen einem, wo es noch etwas zu essen gibt nach Mitternacht, sie halten an, wenn sie Blinde sehen, die über die Straße wollen, und es hat viele Blinde hier, auf einem großen Platz vor einem großen Haus steht eine große Plastik von Picasso, und in der Nähe dieser Plastik steht ein Bronzetisch, auf dem die Plastik und der Platz in Blindenschrift beschrieben sind, sogar ein Reliefmodell des Platzes kann betastet werden.

Vieles deutet darauf hin, daß auch in den hohen Häusern freundliche Menschen wohnen. Eines dieser Häuser, so stellte sich erst nach dem Bau heraus, liegt in der Route eines bestimmten Zugvogels – Tausende schossen nachts in die beleuchteten Fenster und starben. Jetzt wird in den zwei Monaten, in denen diese Vögel unterwegs sind, das Licht im ganzen Haus gelöscht, und nun weichen ihm die Vögel aus wie einem Baum. Überhaupt stellt sich bei diesen hohen Häusern vieles erst nach dem Bau heraus. Ein schwarzer Wolkenkratzer mit einem goldenen Fries weit oben steht ein kleines bißchen schief, weil man seinerzeit die Sache mit dem Sand und Fels zu wenig genau genommen hat.

In den zwanziger Jahren hat ein Bürgermeister zwischen der Stadt und dem Ufer des Michigansees einen Parkgürtel aufschütten lassen, der sich meilenweit ausdehnt aus dem Abfall von Chicago, aus Flaschen, Büchsen, Schachteln, Fetzen, der ist mit einem Bauverbot belegt, und jetzt hat es dort Gras und Bäume für die freundlichen Leute aus den hohen Häusern und die, die am Fuß der hohen Häuser wohnen, dort, wo es zieht den ganzen Tag, auch wenn das Wetter schön und warm ist, und wo es immer sehr bald Abend wird.

Nicht alle Leute halten dieses Leben aus, ein altes Weib postiert sich neben die Blumentöpfe, die die Stadt aufs Trottoir hat stellen lassen und ruft: Look at all this shit! Eine andere Frau kommt in einen Laden, wo man
121 seine Wäsche waschen kann, mit einer Katze, die sie an einem Halsband zerrt, und jedesmal, wenn die Katze miaut, sagt die Frau: Shut up! Sonst sagt sie nichts.

Einer in einem flotten Bluejeansanzug, der mit einer Grafikermappe ausgesprochen sicher durch die Straßen geht, sagt, als ich ihn nach dem Weg frage, er sei erst den dritten Tag in Chicago, and I get lost, ich fühle mich verloren. Dann fragt mich jemand nach dem Weg, aber ich weiß ihn nicht, verspreche mich auch und sage statt I don't know, I don't think. Man denkt auch nicht, sondern läßt sich treiben, Haifischhemden gebe es hier, lese ich an einem Warenhaus, gehe hinein, frage, bis jemand weiß, wo, sehe dann, daß es keines hat, das klein genug ist für meinen kleinen Sohn, der so gern Haifische hat, finde auch das aufgerissene Maul des Haifisches auf diesen Hemden sehr erschreckend und gehe wieder hinaus.

Die freundlichen Leute aber, wenn sie in einen Lift gehen und es ist schon ein anderer drin, schauen diesen andern manchmal etwas furchtsam an, weil sie nicht sicher sind, ob er auch zur freundlichen Mehrheit gehört.

Eine Pianistin, die in einem abgeschlossenen Saal übte, zu dem ich den Schlüssel bekam, stand verstört vom Flügel auf, als sie meine Schritte hörte. Das wäre aber nicht nötig gewesen, denn ich bin ja freundlich.

Morgen im Spital

Zimmerradios werden angedreht, aus denen Ländler- 122
musik und Wetterprognosen quellen. Thermometer werden eingesteckt, herausgenommen und abgelesen, der Zahl mit einem Komma entnimmt der Patient, wie es ihm heute geht.

Es wird gebettet, Zähne werden geputzt, Waschlappen werden genetzt, Flaschen werden geleert, Rasierapparate werden über Hälse gezogen, erste Leistungen.

Es wird auch mit den Schwestern gescherzt.

Und dann das Frühstück, der Kaffee, die Weggli, die Butter, die Konfitüre. Mit all dem ist man lang vor acht Uhr fertig und wartet nachher auf den Tag.

Kriminalromane werden von Nachttischchen genommen und wieder zur Seite gelegt.

Ärzten wird erwartungsvoll in die Augen geschaut.

Über dem See verläuft der Horizont wie das Elektrokardiogramm eines Gesunden.

Abend im Spital

123 Eine Glocke läutet.

Auf dem See hupt ein Schiff, aber man stellt sich ungern vor, daß man noch einsteigen muß.

Autos fahren über die Seestraße, es ist naß, man hört es am Geräusch der Reifen.

Eine Amsel singt.

Die Kastanienbäume bewegen sich nicht.

Man sieht nur knapp über den See, es ist trüb und bewölkt. Von der andern Seite dringt ein Lokomotivenpfiff herüber. Die Leute liegen in den Betten und denken über das nach, was sie haben.

Viele könnten jetzt Trost brauchen.

Wenige bekommen ihn.

66 Fragen

Wie groß sind Sie? 124
Wie lange können Sie den Atem anhalten?
Können Sie durch die Finger pfeifen?
Wann haben Sie das letztemal einen Purzelbaum gemacht?
Wenn Sie in einem Restaurant sind und einen Kaffee trinken, und es gibt verpackten Zucker dazu, und Sie trinken den Kaffee ohne Zucker – nehmen Sie dann den Zucker mit?
Kennen Sie viele Apfelsorten?
Können Sie etwas über Nagetiere sagen?
Worum ging es im Ersten Weltkrieg?
Kennen Sie den Namen Ihres Briefträgers?
Glauben Sie an Impfungen?
Wogegen?
Gibt es ein Gedicht, das Sie auswendig können?
Gibt es ein unanständiges Gedicht, das sie auswendig können?
Von wem stammt die Kuh ab?
Was finden Sie schwerer, aufhören oder anfangen?
Wie heißen Sie?
Sind Sie mit Ihrem Namen zufrieden?
Wenn nicht, wie möchten Sie lieber heißen?
Können Sie ein Märchen erzählen?
Haben Sie zu Hause einen Luftbefeuchter?
Worauf hoffen Sie?
Können Sie an einer Zoohandlung vorbeigehen, ohne hineinzuschauen?
Können Sie an einer Handlung für Damenwäsche vorbeigehen, ohne hineinzuschauen?
Sind Sie männlichen oder weiblichen Geschlechts?
Was stellen Sie sich unter Bandenergie vor?

Waren Sie schon einmal in psychiatrischer Behandlung?
Wem gehören Sie?
Glauben Sie, daß man Zeit gewinnen kann?
Schreiben Sie von Ihren Ferien Ansichtskarten?
Wem?
Hassen Sie Leute, die Witze im Kopf behalten können?
125 Denken Sie oft ja, wenn Sie nein sagen?
Gibt es einen Metzger, den Sie persönlich kennen?
Können Sie einen Blindgänger markieren?
Dieses leichte Stechen in der Nierengegend, haben Sie das schon lange?
Geben Sie alle Ihre Einkünfte der Steuer an?
Wieso wehren Sie sich gegen das Wort Hinterziehung?
Hassen Sie die Pest?
Wie geht es Ihnen?
Wissen Sie, was ein Moschusochse ist?
Wenn Sie es nicht wissen, interessiert es Sie, zu wissen, was das ist?
Können Sie den Unterschied zwischen einer Aktie und einer Obligation erklären?
Benutzen Sie die Wörter »Dein, Ihr, Euer« am Schluß eines Briefes?
Schreiben Sie Briefe?
Glauben Sie daran, daß Sie einmal sterben müssen?
Glauben Sie das wirklich?
Kennen Sie jemanden, der gelb als Lieblingsfarbe hat?
Wie gut kennen Sie ihn?
Fürchten Sie sich vor Verkäuferinnen?
Beginnen Sie Ihre Unterschrift oben oder unten?
Gehen Sie gern zu Fuß?
Wann sind Sie zum letztenmal rot geworden?
Gibt es ein Wort, das Ihnen zuwider ist?
Wenn Sie einen Pfirsich anfassen, kriegen Sie da eine Hühnerhaut?
Werfen Sie Schnüre von Paketen, die Sie bekommen, weg?
Wo wohnen Sie?
Können Sie kochen?

Töten Sie gern Insekten?
Haben Sie ein Taschenmesser?
Wo liegt Ihrer Meinung nach Abu Dhabi?
Macht es Ihnen nichts aus, eine Salbe gegen Hämorrhoiden zu kaufen?
Gibt es etwas, das Sie noch nachholen möchten?
Wie alt sind Sie? 126
Ist Ihnen der Gedanke an rohes Fleisch unangenehm?
Haben Sie diese Fragen nur gelesen oder auch beantwortet?
Wo denken Sie hin?

Die drei Beobachter

127 Drei Freunde beschlossen einmal, von jetzt an alle etwas zu beobachten. »Ich werde die Hirsche beobachten«, sagte der erste, »wo sie durchgehen, was sie fressen, was sie miteinander tun.« Der zweite sagte: »Ich will die Sterne beobachten. Wie sie sich verschieben, wie sie entstehen und verlöschen, wie sie sich um andere Sterne drehen.« »Und ich«, sagte der dritte, »ich will Häuser beobachten. Wie sie dastehen, wie sie ihre Farbe verändern, wie sie einstürzen.«

Da wunderten sich die andern beiden sehr und versuchten ihn von seinem Vorhaben abzubringen. Häuser, sagten sie, könne man doch nicht beobachten, auch sei ein Hauseinsturz etwas sehr Seltenes, und überhaupt werde er es mit dieser Tätigkeit nirgends hinbringen.

Der dritte ließ sich aber nicht davon abhalten, und so trennten sie sich und vereinbarten, daß sie sich nach zwölf Jahren wieder am selben Ort treffen wollten.

Als sie sich nach dieser Zeit wiedersahen, konnten die beiden ersten kaum warten, bis sie erzählt hatten, was aus ihnen geworden war, der eine war bereits ein bekannter Hirschforscher und der andere ein aufstrebender Astronome.

»Und du?« fragten sie den dritten, der alt aussah, »hast du deine Häuser beobachtet?«

»Ja«, sagte der dritte, »ich habe die ganze Zeit nichts anderes getan.«

»Und hast du je ein Haus einstürzen gesehen?« fragte der zweite.

»Nein«, sagte der dritte, »ich habe nie ein Haus einstürzen gesehen, und ich habe es auch nicht zu etwas gebracht wie ihr. Trotzdem ist es geradezu unheimlich, was ich alles erlebt habe.«

Der Verkäufer und der Elch

Kennt ihr das Sprichwort »Dem Elch eine Gasmaske 128
verkaufen«? Das sagt man in Schweden von jemandem, der sehr tüchtig ist, und ich möchte jetzt erzählen, wie es zu diesem Sprichwort gekommen ist.

Es gab einmal einen Verkäufer, der war dafür berühmt, daß er allen alles verkaufen konnte.

Er hatte schon einem Zahnarzt eine Zahnbürste verkauft, einem Bäcker ein Brot und einem Obstbauern eine Kiste Äpfel.

»Ein wirklich guter Verkäufer bist du aber erst«, sagten seine Freunde zu ihm, »wenn du einem Elch eine Gasmaske verkaufst.«

Da ging der Verkäufer so weit nach Norden, bis er in einen Wald kam, in dem nur Elche wohnten.

»Guten Tag«, sagte er zum ersten Elch, den er traf, »Sie brauchen bestimmt eine Gasmaske.«

»Wozu?« fragte der Elch. »Die Luft ist gut hier.«

»Alle haben heutzutage eine Gasmaske«, sagte der Verkäufer.

»Es tut mir leid«, sagte der Elch, »aber ich brauche keine.«

»Warten Sie nur«, sagte der Verkäufer, »Sie brauchen schon noch eine.«

Und wenig später begann er mitten in dem Wald, in dem nur Elche wohnten, eine Fabrik zu bauen.

»Bist du wahnsinnig?« fragten seine Freunde.

»Nein«, sagte er, »ich will nur dem Elch eine Gasmaske verkaufen.«

Als die Fabrik fertig war, stiegen soviel giftige Abgase aus dem Schornstein, daß der Elch bald zum Verkäufer kam und zu ihm sagte: »Jetzt brauche ich eine Gasmaske.«

»Das habe ich gedacht«, sagte der Verkäufer und verkaufte ihm sofort eine. »Qualitätsware!« sagte er lustig.

»Die andern Elche«, sagte der Elch, »brauchen jetzt auch Gasmasken. Hast du noch mehr?« (Elche kennen die Höflichkeitsform mit »Sie« nicht.)

129 »Da habt ihr Glück«, sagte der Verkäufer, »ich habe noch Tausende.«

»Übrigens«, sagte der Elch, »was machst du in deiner Fabrik?«

»Gasmasken«, sagte der Verkäufer.

P. S. Ich weiß doch nicht genau, ob es ein schwedisches oder ein schweizerisches Sprichwort ist, aber die beiden Länder werden ja oft verwechselt.

Ein erschreckender Anblick

Als Herr Direktor J., bevor er von zu Hause wegging, 130
noch rasch in den Spiegel seines Korridors schaute, erschrak er.

Sein Anzug war zwar in Ordnung, auch die Krawatte saß, aber dort, wo sonst sein Gesicht war, sah er einen Wasserhahn.

Das muß eine Täuschung sein, dachte Herr J. und wollte sich ins rechte Ohr kneifen, aber statt dessen drehte er das heiße Wasser auf, das sich nun in einem vollen Strahl auf sein Hemd ergoß.

Mit einem Aufschrei schloß er den Hahn wieder, und in dem Moment sah er, daß er sich wirklich getäuscht hatte – im Spiegel war sein normales Gesicht, und auch als er es mit den Händen abtastete, änderte sich nichts mehr, von einem Wasserhahn konnte keine Rede sein.

Beruhigt wandte sich Herr Direktor J. der Türe zu, da merkte er, daß er so nicht gehen konnte. Sein Anzug war durch und durch naß, und unter dem Hemd spürte er einen brennenden Schmerz, der langsam stärker wurde.

Ein eigenartiger Tag

131 Welch ein eigenartiger Tag! Welch ein eigenartiger Tag! Es regnet geradezu übertrieben! Am Bahnhof Meilen, wohin ich mit dem Auto fahre, sind alle Parkplätze besetzt, ich überlege mir, ob ich unkorrekt in die blaue Zone soll, oder ob ich mit dem Auto nach Zürich soll, wie alle, die ein Auto haben, aber ich will nicht sein wie die, die ihr Auto unkorrekt in die blaue Zone stellen, und auch nicht wie die, die mit dem Auto nach Zürich fahren, also fahre ich, dem Zuge um weniges voraus, nach Feldmeilen, verlange dort schnell ein Billett und einen Parkschein für das Auto, denn das braucht man, wenn man den Wagen im Verkehr mit der SBB länger als 30 Minuten stehenlassen will, dieser Parkschein muß aber unbegreiflicherweise vom Schalterbeamten zuerst ausgefüllt werden, währenddessen fährt schon der Zug ein, ich springe zum Auto, lege den Parkschein gut sichtbar unter die Windschutzscheibe, eile dann in langen Sätzen die Unterführung hinunter und hinauf auf das Perron, wo sich die Türen soeben automatisch zischend geschlossen haben, ich reiße eine Türe nochmals auf, wogegen sich das Blockierungssystem in der für diesen Fall vorgesehenen Weise zur Wehr setzt, aber ich bin stärker und bin im Zug, in dessen erstes Coupé ich mich setze, einer unbeweglichen Frau gegenüber. Kaum fährt der Zug, kommt mir in den Sinn, daß ich ja, um mich korrekt zu verhalten, das Billett am automatischen Billettentwerter hätte entwerten müssen, und denke, dann tu ich das halt an der nächsten Station, ich will nach dem Billett greifen, weiß aber nicht, wohin ich da greifen soll, weil mir jede Erinnerung an das Billett fehlt. Da ich Kleidungen mit vielen Taschen bevorzuge und auch eine Einkaufstasche mit mehreren aufgenähten Ta-

schen bei mir habe, durchsuche ich nun der Reihe nach alle meine Taschen, zuerst tastend, dann, indem ich den Inhalt herausnehme und betrachte, die unbewegliche Frau rührt sich nicht, aber ich fühle, daß sie durch meine Unruhe beeinflußt wird. Diese Suche breche ich erst ab, als in Küsnacht ein Bekannter von mir einsteigt, dem ich von der Erfolglosigkeit meines Tastens, Herausnehmens 132
und Betrachtens erzähle, und vor allem davon, daß es das Billett ist, das ich suche, und nun scheint mir, der unbeweglichen Frau falle ihre Unbeweglichkeit wieder leichter. Der Bekannte besitzt ein Generalabonnement und erzählt mir, wie er es kürzlich verloren und später von einem Taucher, der es in der Limmat gefunden habe, wiederbekommen habe, und wie sich viele Taucher ihren Tauchsport dadurch finanzierten, daß sie in der Limmat nach verlorenen Dingen tauchten, oder nach im Überschwang weggeworfenen, wie z. B. Zinngeschirr entlang den Zunfthäusern am Tag nach dem Sechseläuten.

Warum soll ich mir, denke ich am Bahnhof Stadelhofen, wo ich den Zug, ohne daß ich einer Billettkontrolle unterlaufen wäre, verlasse, warum soll ich mir für die Tramfahrt keine Zeitung kaufen? Ich kaufe mir keine Zeitung, halte mein Tramabonnement in den automatischen Billettentwerter, der ihm ein Eckchen abhaut und gleichzeitig die nötigen Angaben über Datum und Ausgangspunkt der Fahrt draufstempelt, steige ins Tram und schaue zum Fenster hinaus, lese auch die Aufschriften an den Häusern, vergesse sie aber sofort wieder, außer zwei Hausnummern, 293 und 295.

Ich steige aus und gehe in die Yogastunde, die mir eine Lehrerin erteilt, nehme seltsame Stellungen ein und versuche mich dabei so zu konzentrieren, daß ich nicht mehr daran denke, daß ich seltsame Stellungen einnehme.

Auf der Rückfahrt im Tram steht ein fremdsprachiger Mann bei einer Haltestelle lange auf dem Trittbrett, das sich sonst automatisch nach oben klappend schlösse, und ruft seiner Frau in der fremden Sprache Anweisungen zu, wie sie den Billettautomaten behandeln müsse,

da sagt ein alter Mann mit einem Mützchen sehr laut: »So chumm, schtig ändlech y!« und ein anderer, auch alter: »Chumm, chumm!«, aber die Frau wirft immer noch kleine Münzen ein, und der Mann getraut sich nicht mehr länger, auf dem Trittbrett seines Gastlandes zu stehen, und im Abfahren sieht man noch, wie sich seine
133 fremdsprachige Wut auf die Frau ergießt.

In der Papeterie, die ich für die beste Zürichs halte, verlange ich dunkelgelbes Umdruckpapier, d. h., soll ich das jetzt erzählen, angesichts des Elendes dieser Welt, doch, doch, es ist schließlich wahr, und was wahr ist, kann man auch erzählen, dieses Umdruckpapier nämlich, das mir die ältere Verkäuferin in einem Musterkatalog zeigte, mußte im Keller geholt werden, und bevor sie es holen konnte, verlangte ich noch selbstklebende A 4-Couverts von einer Art, wie sie fast nur die Papeterie führt, die ich für die beste Zürichs halte, ein Couvert aber, das den wenigsten Verkäuferinnen dieser Papeterie bekannt ist, so daß ich sie immer mit sanfter Beharrlichkeit auf die mir bereits bekannte Stelle im Musterkatalog hinführen muß. Aha, sagt die ältere Verkäuferin und muß diese Couverts auch im Keller holen. Als sie zurückkommt, bringt sie außer den Couverts ein häßliches, sogenanntes Kanariengelb und sagt, das goldgelbe sei ausgegangen. Es fällt mir nun auf, daß das Papier sehr dick ist, 160 g, ich brauche aber normales, 80grammiges, sie geht also nochmals und kommt nach langer Zeit nochmals mit einer kanariengelben Schachtel zurück, da auch das 80grammige goldgelbe Umdruckpapier ausgegangen ist, es sei unheimlich, flüstert mir die Verkäuferin zu, was im Keller alles fehle, und sie gebe mir jetzt diese 500 Stück zu einem niedrigeren Preis, nämlich dem, den 500 Stück kosten würden, wenn man 1 000 nähme. Im Katalog, den ich für sie lesen muß, weil sie die Brille verlegt hat, steht bei 500: Fr. 23.10, und bei 1 000: Fr. 21.90, womit der Preis für 500 Stück gemeint ist, wenn mann 1 000 nimmt, die Verkäuferin teilt ihn aber nochmals durch zwei und kommt auf Fr. 10.90, wogegen ich, da ich finde, die Papeterie, die ich soeben noch für die beste Zürichs hielt, verdiene einen Denkzettel, nichts einwende.

Nun will ich nach Hause telefonieren und mitteilen, daß ich in der Stadt zu Mittag esse, weil ich beim Papiereinkauf zuviel Zeit verloren habe. In eine Telefonkabine
vor der Zentralbibliothek biegt gerade ein Bibliotheks- 134
benützer ein, der mir um ein kleines zuvorkommt, ich wende mich um und sehe, daß ich eben an der Post Mühlegasse vorbeigegangen bin und daß dort eine Kabine offensteht, eine Kabine, von der aber, wie ich drauf zugehe, auch eine andere Person angezogen wird, hineingezogen fast, die Tür schließt sich weich und unerbittlich hinter ihr. Ich beschließe, vor dieser Kabine zu warten, setze mich auf die Treppe und ziehe, da plötzlich die Sonne scharf scheint, eine Sonnenbrille an, die ich bei mir habe.

Einer, den ich kenne, geht nun an mir vorbei und wirft etwas, das wie ein Brief aussieht, in einen Schlitz am Postgebäude, über dem steht *Kein Briefeinwurf*. Ich rufe ihm einen Gruß zu, aber er bezieht ihn nicht auf sich. Kurt! rufe ich lauter, als er an mir vorbeigeht, er schaut mich an, ohne mich zu erkennen, he! rufe ich, aufdringlich laut, stehe auch auf, ziehe die Sonnenbrille aus, behalte die Mütze und den Bart an, jetzt kennt er mich, ich frage ihn, ob er wisse, daß das kein Briefeinwurf gewesen sei, und ob er essen gehe. Er weiß, daß das kein Briefeinwurf gewesen ist, und geht nicht essen, sondern nach Hause, zum Erziehen, sagt er, ich frage, ob er die Frau oder die Tochter erziehe, er sagt, die Frau lasse sich nicht mehr erziehen, die Tochter bald nicht mehr, trotzdem erziehe er immer wieder.

Nun wird die Kabine frei, ein anderer biegt um die Ecke, nein, rufe ich, jetzt habe ich lange gewartet, und fasse die Kabinentür, doch der andere wollte gar nicht in die Kabine, sondern in die Post, merkt aber, wohl etwas verwirrt durch meinen Zuruf, nicht, daß diese schon geschlossen ist, und prallt voll in die Türe hinein.

Ich muß meinen Platz halten und winke dem, den ich kenne, diesem Kurt somit, zu, ich muß telefonieren, rufe ich, er steigt auf ein Velo, er fährt also Velo, denke ich und rufe zu Hause an, wo mein Sohn abnimmt, sage ihm, daß ich nicht komme, meine Frau kommt auch noch schnell, gleichzeitig mit einer andern Frau, welche die
135 Türe der Kabine aufreißt und sofort wieder zumacht, ich werfe noch einen Zehner ein, merke aber, als die Verbindung im Abschiednehmen unterbrochen wird, daß ich ihn nicht eingeworfen habe, sondern immer noch in der Hand halte.

Entschuldigen Sie, ich habe Sie nicht gesehen! ruft mir ein Mädchen entgegen, als ich, geblendet, hinaustrete. Ich entschuldige, ohne zu wissen was, und erst nachher wird mir klar, daß das die Frau ist, welche in die Kabine eindringen wollte, als ich mit meiner Frau sprach.

Was für ein eigenartiger Tag. Die Buchläden legen die Herbstproduktionen aus wie frisches Obst, ich kaufe den neuen Handke und beginne ihn, als ich mich im »select« gesetzt und ein Schnitzel »Frascati« bestellt habe, sogleich zu lesen, dabei fällt mir auf, daß ich die meisten Bücher von Handke irgendwo unterwegs lese, das »Wunschlose Unglück« in einem jugoslawischen Restaurant in Würzburg und den »Hereinbrechenden Augenblick« (oder was war das?) in einem Hotel in Stuttgart, die erste Hälfte, und die zweite Hälfte in einem Gasthof in Rottweil, und daß ich mich dann jeweils weniger allein gefühlt habe. Der Wirt wirft zwei Burschen hinaus, mit kleinen, widerlichen Handbewegungen, warum, ist nicht klar, auch sehe ich zum erstenmal, daß es hier einen Wirt gibt und nicht nur Serviertöchter. Draußen schauen sich Leute nach anderen Leuten um, schauen auch durchs Fenster hinein, beiläufig, ob sie jemanden kennen. Wir sind drei am Tisch, drei, die nicht miteinander sprechen, ich, ein Mann und eine blonde Frau um die vierzig, die hat ihren Blick wie einen Stolperdraht über die Straße gespannt, jetzt läuft einer hinein, ein Neger, bleibt stehen, lächelt erkennend durch die Scheibe, deutet graziös

und fragend auf den leeren Sitz neben ihr, sie bestätigt
die Leere, und der Neger kommt herein. Wie verwandelt
sind doch die Leute, sobald sie sprechen, die Sprache ist
wie ein Prinz, der sie aus dem Dornröschenschlaf wach-
küßt. Die beiden sprechen englisch zusammen, man kann
lang lesen dazu, man muß doch hinhören, man muß,
wenn man daneben sitzt, und die Leute merken es, alles, 136
was sie sagen, ist zwar für den Zuhörer, den sie kennen,
aber auch noch ein bißchen für den Zuhörer, den sie nicht
kennen. I don't think I can stand the life here, sagt sie
zum Neger, den sie offenbar von London her kennt, er-
zählt von diesem traurigen Zürich, von Drogen- und Al-
koholfällen, obwohl sie nicht der Typ ist, der aufmun-
ternd-solidarische, dem solche Fälle über den Weg laufen,
und draußen schauen sich immer noch Leute nach ande-
ren Leuten um, als ob Zürich keine traurige Stadt wäre,
und im Buch haben sich die zwei schon getrennt, über-
raschend und doch vorauszusehen, und ein Kind spielt
auch eine Rolle, wie schon früher, und einer sagt, als er
sich in den Mantel hineinmurkst, na drei Wuche, und
ich bi uf Null une.

Truffes du jour, lese ich, als ich wieder zum Bahnhof Stadelhofen gehe, der wie ein arabischer Radiosender neben dem Restaurant »Olivenbaum« steht, ich gehe in den Laden, verlange die angebotenen Quantitäten zu sehen, hat es helle *und* dunkle drin, frage ich beim 150-g-Päcklein, ja, sagt die Verkäuferin, aber ich kann Ihnen auch nur helle abfüllen, ja, sage ich, geben Sie mir nur helle, 150 Gramm. Sie können auch eins probieren, sagt sie, es ist Degustation heute, und weist dabei auf drei Degustationsexemplare, die auf dem Ladenglas stehen, sie sind aber alle dunkel, oh, sagt die Verkäuferin, die sind ja alle dunkel, und legt mit einer Zange ein helles dazu, ich danke und möchte keins degustieren, wirklich nicht, wir sind beide etwas verlegen, sie, weil sie zu höflich war, ich, weil ich zu wenig höflich war, ich sehe, daß sie mir, obwohl der Zeiger der Waage auf 150 g steht, noch ein weiteres Stück hineintut, ohne es aber zu erwähnen, doch sie muß merken, daß ich es gemerkt habe, ohne daß ich es erwähne.

Der SBB-Beamte, bei dem ich jetzt nochmals ein Billett für die Rückfahrt nach Feldmeilen lösen will, sagt jedem einzelnen vor mir, er hätte das Billett ebensogut am Automaten lösen können, ich will jetzt von einer
137 solchen Bemerkung auf keinen Fall betroffen werden und verlasse die Reihe, gehe zum Automaten, wo ich durch richtiges Drücken und richtiges Einwerfen der richtigen Münzen das richtige Billett bekomme, dieses auch am Automaten entwerte und in den Zug einsteige.

Auf der Fahrt nach Feldmeilen scheint die Sonne auf eine von grauen Wolken bestimmte Seelandschaft mit hervorstehenden Häusern, und im Buch bekommt die Frau, die jetzt mit dem Kind allein lebt, Besuch von ihrem Vater. Als ich in Feldmeilen aussteige und mit meiner Tasche zum parkierten Auto gehe, stehen ein paar Leute um ein anderes parkiertes Auto und reden zusammen von Ferien in Ascona, als ob nichts wäre.

David und Goliath

Es kommen vor: 138

David
Wächter
Goliath, bestehend aus Goliath 1
Goliath 2
Goliath 3

Eliab, Abinadab, Samma — Davids Brüder

ein Spion der Philister *kann einer der Goliaths sein*
König Saul

Die Originalsprache des Stückes ist schweizerdeutsch. Dies ist eine hochdeutsche Fassung, die mühelos der Sprechweise der jeweiligen Schauspieler angepaßt werden können sollte (müßte . . .). Man kann das ganze Stück im Dialekt spielen, man kann aber auch zum Beispiel nur David, seine Brüder und den Wächter im Dialekt spielen und die übrigen Figuren in der Hochsprache.
Das Stück ist so geschrieben, daß es von vier Personen gespielt werden kann, aber nicht muß: Einer spielt dann den David, die andern alle übrigen Rollen. Der Nachteil bei dieser kleinen Besetzung ist, wie ich gesehen habe, vor allem der, daß die Kinder glauben, die Brüder verkleiden sich als Goliath und als Philister, um den David einzuschüchtern. Sie versuchen dann auch David zu beruhigen, wenn der Goliath kommt, und sagen ihm, das seien nur seine Brüder, und so ist es doch nicht gemeint.
Im übrigen: Es ist so gemeint, wie ihr's spielt.

I.

Ein Wächter steht da.

David tritt auf mit einem Korb voll Brötchen.

Wächter Halt! Wer bist du?

David Ich bin der David. Und du?

Wächter Was suchst du hier?

139 David Ich bin Ausläufer. Und du?

Wächter Was hast du im Korb?

David Brötchen. Vom Bäcker. Und du? Was hast du im Schild?

Wächter Wem bringst du die Brötchen?

David Meinen drei Brüdern. Und du? Hast du auch Brüder?

Wächter Wie heißen deine Brüder?

David Eliab, Abinadab und Samma. Und du? Wie heißen deine?

Wächter Frag nicht immer »und du«?

David Jawohl. Und du? Wieso fragst du immer?

Wächter Weil ich der Wachtposten bin – jetzt hast du schon wieder »und du« gesagt!

David Ich sags nicht mehr, und – du, was soll ich nicht mehr sagen?

Wächter Und du!

David Was?

Wächter Und du!

David Jetzt hör endlich auf, »und du« zu sagen. Das geht mir richtig auf die Nerven.

Wächter Du sagst immer »und du«!

David Und du? Hast du jetzt nicht schon wieder »und du« gesagt? Noch einmal, und ich geb dir kein Brötchen.

Wächter Soll das heißen, daß du mir ein Brötchen geben willst?

David Wenn du anständig bist. Schließlich mußt du auch die ganze Zeit dastehen, und alles können sie sowieso nicht fressen, meine Brüder. *Gibt ihm eins.*

Wächter *beißt hinein* Mmmmmh, sind die gut!

David Graham.

Wächter Abraham? Mmmmmh.

David Nein, Graham. Mmmmmh.
Wächter Jawohl, Abraham. Mmmmmh.
David Graham. Kann ich jetzt durch?
Wächter Nein.
David Was? Warum nicht?
Wächter Jetzt mußt du nochmals dorthin zurück und von eins bis zehn zählen, dann kommst du wieder hier durch und mußt am zweiten Posten vorbei.
David Mann, ist das kompliziert. *Ab.*

II.

Der Wächter stellt sich einfach etwas weiter hinüber. Man hört David zählen, gegen Schluß ein bißchen schneller. Bei zehn kommt er wieder herein.

Wächter Halt! Wer bist du?
David Das hat mich vorhin schon einer gefragt. Ich bin der David. Und du?
Wächter Was suchst du hier?
David Ich bin Ausläufer. Und du?
Wächter Was hast du im Korb?
David Brötchen. Vom Bäcker. Und du? Was hast du im Schild?
Wächter Wem bringst du die Brötchen?
David Meinen drei Brüdern, und meine drei Brüder heißen Eliab, Abinadab und Samma. Und du? Wolltest du noch mehr wissen?
Wächter Ich muß dir einen Zettel geben, auf dem steht, daß du hier durch darfst.
David Und du? Brauchst du keinen solchen Zettel?
Wächter Hör mal auf, immer »und du« zu sagen.
David Ja, das konnte ich schon an dem vorhin nicht leiden. Immer hat der »und du« gesagt.
Wächter Du sagst »und du«!
David Was sage ich?
Wächter Und du!
David Was?
Wächter Und du!

David Nun hör schon auf, »und du« zu sagen, ich kann das nicht ausstehen.

Wächter Mit dir kann man nicht reden.

David Und du? Du gibst einem ja nicht einmal Antwort.

Wächter Jetzt hast du es schon wieder gesagt.

David Was schon wieder?

141 Wächter Und du!

David Jetzt sagt der schon wieder »und du«.

Wächter Wart nur, kleiner Schwätzer. Jetzt füllen wir den Zettel aus. Wie heißen deine Brüder? Einer nach dem andern.

David Der erste heißt Eliab.

Wächter Wie schreibt man das?

David Wie mans sagt.

Wächter Mhm. Also mit einem i.

David Ja. Dort, wo du eins hörst, kannst du eins schreiben.

Wächter Und der zweite?

David Der zweite heißt Abinadab.

Wächter Wie schreibt man das?

David Gleich wie das erste.

Wächter Was?

David Ja, man sagts bloß anders.

Wächter Eine komische Familie. Und der dritte!

David Samma.

Wächter Wie schreibt man das?

David Na, wie wohl?

Wächter Auch gleich wie das erste?

David Weil dus bist, meinetwegen. Kann ich jetzt durch?

Wächter Denkste. Ich bekomm zuerst zwei Brötchen, eins für den Zettel und das andere fürs Ausfüllen.

David Zum Glück nehm ich immer ein paar mehr mit. Da hast du sie. Es sind Graham.

Wächter Abraham. Mmmmh!

David Jetzt versteht der das auch nicht. Graham, mmmmh!

Wächter Ich weiß, Abraham. Mmmmmh!

David Graham! Kann ich jetzt durch?

Wächter Halt! Jetzt mußt du mit diesem Zettel zum dritten Posten. Der unterschreibt ihn dann.

David Für drei Brötchen?

Wächter Woher weißt du das?

David Ich hab mirs einfach so gedacht.

Wächter Jetzt gehst du dort hinaus und zählst bis zwanzig, und dann kommst du wieder herein. 142

David Wieso ist das so kompliziert?

Wächter Weil Krieg ist.

David Erzähl keinen Quatsch.

Wächter Wieso Quatsch? Du wirst wohl wissen, daß Krieg ist.

David Du, das kannst du mir also glauben, daß kein Krieg ist.

Wächter Das werd ich dir wohl grad glauben. Du mußt es mir glauben!

David Ich will dir mal was sagen. Ich bin Ausläufer im Laden meines Vaters, dem Isai. Mein Vater hat mir gesagt, geh vor die Stadt hinaus und bring diese Brötchen deinen Brüdern, sie sind dort mit andern zusammen in einem Lager.

Wächter Und was meinst du, was das für ein Lager ist?

David Na, ein Pfadfinderlager.

Wächter Ein Kriegslager, du Grünschnabel. Und jetzt geh rüber und zähl bis zwanzig. Und mit dem dritten Posten mußt du anständiger sein. Der läßt sich nicht viel bieten.

David Ein Kriegslager? Eieieieiei. Eins, zwei, drei, vier – ein Kriegslager? *Schneller* ... fünf, sechs, sieben ... *ab, hinten laut weiterzählend* ...

III.

Der Wächter verschiebt sich etwas.

David kommt ganz schnell zu Ende zählend wieder herein.

Wächter Halt! Wer bist du?

David Der sieht doch tatsächlich aus wie die andern zwei. Ob das derselbe ist? *Kinder rufen »Ja!«.*
Siehst du, du bist derselbe wie vorher.

Wächter Und wer bist du?

David Ich bin auch derselbe wie vorher.

Wächter *bedroht ihn* Wer bist du?

David *schnell* Ich bin der David, ich bin Ausläufer, und in meinem Korb hab ich Brötchen für meine drei Brüder Eliab, Abinadab und Samma. Und du?

143 Wächter Sag nicht immer »und du«!

David Ich habs ja erst einmal gesagt.

Wächter Aber vorher schon die ganze Zeit!

David Woher weißt du, was ich vorher gesagt habe?

Wächter Von den andern zwei.

David Und die Brötchen, hast du die auch von den andern zwei?

Wächter Natürlich, die müssen mir alles abgeben.

David Auch die angefressenen?

Wächter So, gib mir mal das Blatt zum Unterschreiben. *Nimmt es ihm.*

David Wieso sagst du »gib«, und dann nimmst dus mir?

Wächter Weil Krieg ist.

David Das hast du mir vorhin schon gesagt. Wie geht denn das überhaupt zu, wenn Krieg ist?

Wächter Im Krieg, da hats eine Menge Soldaten auf der einen Seite und eine Menge Soldaten auf der andern Seite, und dann gehen sie aufeinander los und versuchen sich zu töten, und die, die mehr töten können, haben gewonnen.

David Also fast wie ein Fußballmatch.

Wächter Ja, pro Toter ein Tor, hahaha?

David Kann ich jetzt durch?

Wächter Hast dus eilig, plötzlich?

David Ich muß meinen Brüdern sagen, sie sollen sofort nach Hause kommen, sonst werden sie noch umgebracht, und dann hab ich keine Brüder mehr.

Wächter Das ist so im Krieg. Macht drei Brötchen.

David Du hast ja schon drei.

Wächter Es macht NOCHMALS drei Brötchen fürs Unterschreiben. Für jeden Bruder eins. *Unterschreibt dreimal.*

David Teuer ist es auch, so ein Krieg, nicht nur gefährlich. Da. *Gibt sie ihm.* Es sind Graham.

Wächter Ich weiß, Abraham, Mmmmh!

David Nein, Graham. Mmmmh!

Wächter Abraham. Mmmmmh!

David Das kann doch nicht derselbe sein, sonst wüßt ers langsam. Also tschüs, Abraham, mmmmh! 144

Wächter *kauend* Tschüs. Und paß auf auf den Goliath! Mmmmh!

David Ja, ja, paß du auf, daß du dich nicht erkältest!

Wächter Warum erkälten?

David Weil du das Maul dauernd offen hast. *Schnell ab.*

Wächter Frecher Kerl. Der merkt schon noch, was es geschlagen hat. So, jetzt kann ich endlich genug Brötchen essen. Abraham. Mmmmmh! *Ab.*

IV.

David kommt wieder und schaut, ob der Wächter noch da ist.

David Ich hab ganz vergessen zu fragen, wo das Lager eigentlich ist. Na, zurück geh ich nicht mehr, sonst will er noch mehr Brötchen, für jedes Wort, das er sagt, eins. *Fragt die Kinder* Und vor wem soll ich aufpassen?

Kinder Vor dem Goliath.

David Ach ja, richtig, vor dem Goliath. Aber warum eigentlich. Hat er mir gar nicht gesagt.

Kinder Das ist ein Riese! *Oder ähnlich – wenn sie's nicht sagen, muß es David aus ihnen herausholen durch insistierendes Fragen.*

David Langsam, langsam Kinder. Ein Riese? Riesen gibts doch nicht. Wie sieht denn so ein Riese aus? *Etc. etc. je nachdem, was von den Kindern kommt, Gespräch über mögliche Größe und mögliche Eigenschaften eines solchen Riesen, bis hinter David der Riese Goliath sichtbar wird. Die Kinder warnen David, der es nicht glaubt, bis er sich umdreht.*

David Ogottogott, ist das ein Brocken. Hoffentlich sieht er mich nicht.

Goliath Ich hab dich schon gesehen.

David Dabei hab ich mich so klein gemacht. Bist du der – *zu den Kindern* wie heißt er?

Kinder Goliath!

David Bist du der Goliath?

Goliath Ja, der bin ich. Was willst du hier?

David Kannst du mir sagen, wos da zum Lager geht?

Goliath Zum Lager der Israeliten, dieser Angsthasen?

David Du, das sind keine Angsthasen, der Eliab, der Abinadab und der Samma –

Goliath Haha, die rennen jeden Tag davon, wenn sie mich nur von weitem sehen.

David Du bist auch nicht der Schönste.

Goliath Aber der Stärkste, hahaha!

David Und wo wäre dann das Lager?

Goliath Dort drüben, aber einen, der mir so frech kommt, den laß ich nicht durch.

David Du, Goliath, hast du gern Graham-Brötchen?

Goliath Mmmmh, mein Lieblingsvesperbrot!

David Gut, da hast du eins. *Schmeißt ihm eins ins Gesicht, Goliath greift sich mit der Hand danach, hat aber in der Hand das Schwert und trifft damit sein Gesicht. David wischt schnell durch.*

Goliath Donnersackzement nochmal, jetzt hab ich vergessen, daß ich noch das Schwert in der Hand habe! Ich muß das sofort joden! Wart nur, du Mistfink, dir freß ich noch Brötchen weg, daß du dich wundern wirst! – Uuuuuh, hoffentlich muß mans nicht nähen! *Jammernd ab.*

V.

Der Wächter steht wieder da, ohne daß er David kommen sieht.

David Ist das das Lager der Israeliten?

Wächter *Gibt nur einen furchtbaren Schreckenslaut von sich.*

David Was hast du gesagt?

Wächter Was hast du gefragt?

David Ob das das Lager der Israeliten sei.

Wächter Ja, zu wem mußt du?

David Zu meinen drei Brüdern.

Wächter Hast du die Unterschrift des Wachtpostens?

David Da drauf stehts.

Wächter *liest es* Heißen deine Brüder alle gleich?

David Nein, warum?

Wächter Da drauf steht dreimal Eliab. 146

David Ach weißt du, der Wachtposten war ein ganz dummer Kerl, der konnte die andern Namen bloß nicht richtig schreiben.

Wächter *räuspert sich bloß.*

David Eigentlich hat er ziemlich ähnlich ausgesehen wie du.

Wächter Wir sehen alle ähnlich aus.

David Sogar sehr ähnlich.

Wächter Wie heißen denn deine Brüder richtig?

David Eliab, Abinadab und Samma.

Wächter Gut, ich geh sie holen. Ins Lager hinein darfst du nicht. Eeehm, das macht dann noch vier Brötchen.

David Was?

Wächter Eins fürs Holen, und dann noch eins für jeden Bruder.

David Wer hat, dem wird genommen. Weißt du, was das für Brötchen sind?

Wächter Abraham, mmmmh!

David Es hat keinen Wert. *Gibt sie ihm.* Also gut. Aber jetzt her mit meinen Brüdern, sonst hau ich dir dann das fünfte Brötchen dorthin, wo ichs dem Goliath hingehauen hab.

Wächter Du bist grad der rechte, um dem Goliath eins hinzuhauen, hahaha! *Ab.*

VI.

David Der war aber blöd. Ich glaube überhaupt, die haben nur einen einzigen Wächter für das ganze Pfadfinderlager. Na, wenigstens bin ich jetzt da. Ich hoffe nur, daß meine Brüder wirklich kommen, und nicht einer, der sagt, er bringt mich zu den Brüdern, wenn ich ihm nochmals drei Brötchen gebe.

Wieviel Brötchen hab ich jetzt gebraucht? *Benützt Finger zum Zählen.*
Eins beim ersten Mal. Macht eins.
Zwei beim zweiten Mal. Macht eins und zwei, gibt drei.
Drei beim dritten Mal. Macht drei und drei, gibt sechs.
Eins für den Goliath. Macht sechs und eins, gibt sieben.
147 Und jetzt hab ich nochmals vier gebraucht, eins, zwei, drei – au, ich hab nicht mehr genügend Finger. Kann mir jemand von euch schnell einen Finger borgen? Ich geb ihn grad wieder zurück. Danke, nur hinhalten – hast du gemeint, ich nehm ihn dir weg? So, wieviel gibt das zusammen?

Kinder Elf.

David Elf Brötchen haben die mir abgeknöpft, ist auch nicht wenig. Zum Glück hab ich vierzig Brötchen mitgenommen vom Vater, nun muß ich bloß ausrechnen, wieviel ich jetzt noch habe, au, das ist wieder über zehn, kann das nicht jemand von euch ausrechnen?

Kinder Neunundzwanzig!

David Neunundzwanzig Brötchen für drei Brüder, das macht für jeden –

Eliab Tag, David!

Abinadab Tag, David!

Samma Tag, David!

David Grüß euch! Um Himmels willen, wie seht ihr aus? Tag Eliab.

Eliab Schön! Tag, David.

David Schön blöd, meinst du? Tag Abinadab!

Abinadab Tag, David.

David Tag, Samma.

Samma Tag, David, hast du uns etwas mitgebracht?

David Ja, neunundzwanzig Brötchen.

Samma Für jeden?

David Spinnst du? Ich bin doch kein Lastesel.

Eliab Aber Ausläufer bist du.

Abinadab – Ausläufer bist du. *Sie greifen nach dem Korb.*

David Halt! Zuerst muß ich ausrechnen, wieviel neunundzwanzig dividiert durch drei gibt.

Abinadab Vierzehneinhalb!

Eliab Zwölf!

Abinadab – Zwölf!

Samma Neun!

David Alles falsch. Neun, Rest zwei.

Brüder sind enttäuscht.

Samma Ich nehme den Rest zwei! 148

Eliab Warum so wenig?

Abinadab – so wenig?

David Weil ihr ganz unverschämte Wachtposten habt, die einen nicht durchlassen, wenn man ihnen keine Brötchen gibt. Vier Brötchen wollte der letzte haben.

Eliab Gib uns jetzt unsere Brötchen.

Abinadab – unsere Brötchen.

Samma Und mir den Rest zwei.

David Ja, aber zuerst müßt ihr mir etwas versprechen.

Eliab Versprechen?

Abinadab – sprechen?

Samma Was?

David Ihr müßt sofort heimkommen.

Eliab, Abinadab, Samma Warum?

David Ich weiß gar nicht, ob ich euch das sagen darf.

Eliab, Abinadab, Samma Was?

David Seid ihr sicher, daß uns niemand zuhört?

Eliab Ja, sags schon!

Abinadab – schon.

Samma Warum sollen wir heimkommen?

David Weil Krieg ist.

Eliab, Abinadab und Samma lachen.

Wieso lacht ihr? Habt ihrs schon gewußt?

Eliab, Abinadab, Samma Klar!

David Wieso seid ihr dann gegangen, ihr Spinner? Im Krieg probieren sie, einander zu töten!

Samma Weil die Philister unser Land erobern wollen, deshalb. Da müssen wir doch helfen, uns zu wehren, oder?

Eliab Überhaupt haben wir ja Rüstungen an, damit sie uns nicht töten können.

Abinadab – töten können.

David Und wenn ich dir jetzt eins ins Gesicht haue? *Tut es.*

Eliab Au!

Abinadab – au!

David Dich hab ich ja gar nicht getroffen. Siehst du. Wärst schon tot.

Samma Es trifft schon nicht grad uns.

149 David Und wenns euch doch trifft? Ihr müßt heimkommen! *Weint fast. Samma und Abinadab lachen.*

Eliab So hört auf, der David hat schließlich Angst um uns. Hör mal, David, der Krieg hat ja noch gar nicht richtig begonnen.

David Und wenn er beginnt?

Eliab Er beginnt noch nicht, und zwar deswegen: Jeden Tag, wenn wir bereit wären zum Kriegen, die Philister auf der einen Seite, und wir, die Israeliten, auf der anderen Seite, kommt einer von den Philistern hervor und ruft: Wer kommt und kämpft mit mir allein? Wenn er gegen mich gewinnt, dann habt ihr alle gewonnen, und wir gehen wieder nach Hause, und der Krieg ist zu Ende.

David Und dann?

Eliab Ganz am Anfang ist mal einer gegangen, der stärkste von uns, aber der Philister hat ihn umgebracht, und seither traut sich keiner mehr.

David Warum nicht?

Samma *wollte es schon die ganze Zeit sagen* Weil der Philister so groß und stark ist wie gar niemand von uns. Das ist nämlich ein Riese, über zwei Meter groß und genau so breit!

Eliab Er heißt Goliath.

Abinadab – Goliath.

Samma Goliath.

David Ach der? Den hab ich grad gesehen vorhin. Ein schönes Großmaul.

Eliab Allerdings –

Eliab, Abinadab, Samma Was?

David Zuerst groß in der Gegend rumtrompeten, und dann beim kleinsten Kratzer ab zum Joden.

Eliab Ab zum Joden?

Abinadab – Joden?

Samma Was für ein Kratzer?

David Ich hab ihn nach dem Weg gefragt. Dann hat er mir ihn gezeigt, aber wollte mich nicht durchlassen, dann hab ich ihm ein Brötchen ins Gesicht gehauen und bin durch.

Eliab Und der Goliath hat dich nicht zusammengeschlagen?

Abinadab – zusammengeschlagen?

David Er hat zuerst nach dem Brötchen gegriffen und hat vergessen, daß er noch das Schwert in der Hand hatte.

Eliab, Abinadab, Samma Und dann?

David Dann hatte er eben das Schwert im Gesicht statt des Brötchens. Das war das elfte Brötchen, wenn ich das noch hätte, hätte es jetzt für jeden zehn. So nehmt eure neun und versprecht mir, daß ihr nach Hause kommt.

Eliab Ist das wahr, was du da erzählt hast?

Abinadab – erzählt hast?

David Natürlich.

Eliab Dann hast du wahnsinniges Glück gehabt.

David Mich dünkt eher, der Goliath habe Glück gehabt. Der hätte sich auch ins Auge treffen können. So, nehmt eure Brötchen auf diesen Schrecken.

Eliab Aber nach Hause können wir nicht.

Abinadab – können wir nicht.

Samma Das mußten wir dem König Saul versprechen.

Eliab Erst wenn der Krieg zu Ende ist.

Abinadab – zu Ende ist.

David Oder wenn jemand den Goliath umgelegt hat.

Samma Den legt keiner um.

David Dann müßt ihr aber kriegen, wenn ihn keiner umlegt.

Eliab Ja, das müssen wir.

Abinadab – müssen wir.

David Gut, dann probier ichs.

Eliab, Abinadab, Samma Was?

David Den Goliath umzulegen.

Eliab Bist du verrückt?

Abinadab – verrückt?

David Nein, warum?

Eliab Du bist doch kein Krieger.

David Eben drum. Dem Goliath muß man anders kommen.

Eine Fanfare wird geblasen, vielleicht von einem der Brüder selbst.

Samma Au, wir müssen zum Abendappell.

151 David Kann ich auch mitkommen?

Eliab Nein, du darfst nicht ins Lager.

Abinadab – ins Lager.

Samma Da hast du meinen Mantel, du kannst hier schlafen. *Gibt ihm eine Zeltplache.*

David Danke. Holt ihr mich morgen früh?

Eliab, Abinadab, Samma Gut!

David Einen schönen Gruß dem König Saul, und den Goliath bring ich schon um die Ecke!

VII.

David *zu den Kindern* Meint ihr, die holen mich wieder morgen?

Kinder Ja *oder nein.*

David *fragt eventuell, warum sie ja oder nein meinen, und sagt dann* Ich bin sicher, sie kommen. Sie haben nämlich vergessen, ihre Brötchen mitzunehmen. Uiuiui, es wird dunkel. Ich muß mir ein Plätzchen zum Schlafen suchen. Wo wärs wohl am besten?

Kinder machen eventuell Vorschläge. David geht hierhin und dorthin, entscheidet sich schließlich für einen Platz, der etwas entfernt ist vom Ort, an dem er mit seinen Brüdern gesprochen hat. So, jetzt muß ich mich nur noch in diese Zeltplache einwickeln, solangs noch hell ist, und dann kann ich ein wunderbares Schläfchen machen. Oha, wie geht denn das? *Spiel mit der Plache, die sehr kompliziert ist. David ist zuletzt ganz darin eingewickelt, wie eine Mumie – genauer Ablauf muß mit Requisit ausgetüftelt werden.*

Ich glaub, ich habs. Oder? Gehen kann ich zwar nicht mehr, aber im Schlaf geht man ja auch nicht. *Legt sich hin.* Au, wißt ihr, was ich vergessen habe? Pinkeln. *Ver-*

sucht es, es ist hoffnungslos. Also, jetzt pack ich nicht alles wieder aus, ich verklemm mirs bis morgen früh. Gute Nacht!

Es wird dunkler, jetzt treten drei Gestalten auf.

Goliath 1 So, kommt, da sieht uns niemand.

Goliath 2 Nicht einmal wir selber.

Goliath 3 Das ist ja finster wie in einer Kuh. 152

Goliath 2 Das kann nur ein Kalb sagen.

Goliath 3 Oder ein Hornochs wie du.

Goliath 1 Hört auf zu streiten und setzt euch.

Goliath 2 Wohin?

Goliath 1 Da hats einen Stein.

Goliath 2 und 3 setzen sich auf David. Und jetzt, was ist?

Goliath 2 Ich mach nicht mehr mit.

Goliath 3 Ich auch nicht.

Goliath 1 Warum nicht?

Goliath 2 Das geht nicht mehr lang, und alles kommt aus.

Goliath 3 Die Israeliten lassen sich doch nicht dauernd was vormachen.

Goliath 1 Bis jetzt haben sie sichs vormachen lassen.

Goliath 2 Ja, aber der kleine Kerl mit den Brötchen hatte überhaupt keine Angst.

Goliath 3 Das hat mich so verwirrt, daß ich deine Birne getroffen habe.

Goliath 1 Aber das war doch gar kein Krieger, und wir habens nur mit Kriegern zu tun, und die trauen sich gar nicht her, wenn sie uns sehen, und drum merken sie auch nichts.

Goliath 2 Ich mach trotzdem nicht mehr mit.

Goliath 3 Ich auch nicht, die sollen sich ein anderes Kalb suchen als den da.

Goliath 2 Ja, und einen andern Hornochsen als dich.

Goliath 1 Also, hört mal, ich hab heute mit dem Chef gesprochen und hab ihm gesagt, wie gefährlich das ist, was wir tun, und wir tuns nur noch, wenn wir doppelt soviel Geld bekommen wie bis jetzt.

Goliath 2 und 3 Und was hat er gesagt?

Goliath 1 Wir bekommen dreimal soviel. Und jetzt?

Goliath 2 und 3 *springen auf* Wir machen mit!

David Au!

Goliath 2 Ruf doch nicht »au!« wegen jedem bißchen.

Goliath 3 Was? Du hast »au!« gerufen.

Goliath 2 Nein du!

153 Goliath 3 Nein du!

Goliath 1 Hört auf mit streiten, herrgottsakerment! Seid froh, daß ihr soviel Geld bekommt und daß ihrs weiter machen dürft. So, und jetzt zurück ins Lager.

Goliath 2 Wieviel gibt eigentlich drei mal neun Gulden?

Goliath 3 Na, einfach dreimal mehr als neun Gulden, ist doch klar, oder?

Goliath 2 Ja, aber wieviel ist das?

Goliath 3 Also, jetzt rechne mal drei mal neun aus.

Goliath 2 Wieso grad ich?

Goliath 3 Du hast schließlich gefragt.

Goliath 2 Etwa dreiundzwanzig.

Goliath 3 Das glaub ich nicht. Also, ich muß mich nochmals hinsetzen zum Ausrechnen.

David Nein, siebenundzwanzig!

Goliath 3 Ach, natürlich! Zum Glück haben wir noch dich.

Goliath 1 Ich habs gar nicht gesagt. Er ist das Genie.

Goliath 2 Ich?

Goliath 3 Der und ein Genie? Das Hornochsenrechnen geht doch nur bis zwei.

Goliath 2 Und im Kälbchenkindergarten rechnen sie überhaupt noch nicht.

Goliath 1 Jetzt hört auf zu streiten, herrgottsakerment! Seid froh, daß man euch überhaupt mehr gibt, und jetzt zurück ins Lager, sonst hört uns noch jemand, und dann nützt euch das ganze Geld einen Dreck! *Ab.*

David Ist schon passiert. – Eieiei, jetzt hab ich aber Glück gehabt. Viel länger hätt ich nicht mehr ein Stein sein können. Ist mir doch der direkt auf dem Fuß gestanden, wie er aufgesprungen ist, und wie er sich wieder hinsetzen wollte, mußt ich ihm schnell rechnen helfen. –

Das war aber interessant, was die zusammen gesprochen haben. Habt ihr das verstanden?
Eventuell Diskussion mit den Kindern über das, was die drei Gestalten gesagt haben. Es wird heller.
Schaut, es wird schon Morgen, jetzt kann ich endlich pinkeln gehn. *Steht auf und wickelt sich ebenso kompliziert aus der Plache, wie er sich eingewickelt hat – muß* 154
erarbeitet werden. So, schaut mal schnell weg. *Stellt sich mit dem Rücken gegen die Kinder an eine Wand. Schaut sich dann um.* Ihr schaut ja gar nicht weg. Versprecht mal, daß ihr wegschaut. Versprecht ihr das?
Kinder versprechen es oder auch nicht. Wenn sie es versprechen, schaut sich David wieder um und sieht, daß die Kinder nicht wegschauen; wenn sie es versprechen, glaubt er es ihnen nicht mit dem Hinweis, daß sie vorhin ja auch geschaut hätten, und sagt sogleich Also, so gehts nicht. Ich such mir eine Toilette. Hats da nirgends eine Toilette?
Kinder wissen es wahrscheinlich und schildern ihm, wo es ist. Gut, dann machen wirs so. Ich gehe jetzt auf diese Toilette, und wenn jemand von euch auch auf die Toilette muß, kann er auch gleich gehen, wir machen jetzt eine Pause, und wenn die Pause vorbei ist, hoff ich dann, daß mich meine Brüder holen kommen. *Ab.*
Während der Pause kann z. B. der Wächter das Lager der Israeliten hüten, und in der Nähe des WCs kann ein Philister herumschleichen, der mit einer Kartonröhre als Fernrohr zu den Israeliten hinüberschaut und sich Notizen macht, eventuell sind es auch zwei, die miteinander darüber sprechen, was sie alles zu sehen glauben, jedenfalls ist jetzt

PAUSE

VIII.

Der Wächter hat sich gegen Ende der Pause diskret entfernt.

David Also, diese Toilette war ja ganz nah beim Lager dieser, ehm, dieser andern, wie heißen sie schon wieder? Es tönt wie Herr Pfister . . .

Kinder Philister!

David Ja, genau! Wie ich auf der Toilette war, ist die ganze Zeit einer von den Pfisters dagestanden und hat mit einem Fernrohr in die Gegend geschaut. Was der wohl wollte?

Gespräch mit den Kindern, in dessen Verlauf klar wird, daß das ein Spion war und was ein Spion macht.

Ach, ihr meint, der wollte einfach wissen, wieviel Krieger es bei den Israeliten hat?

Kinder machen David darauf aufmerksam, daß der Spion nun auf der Bühne ist.

Schaut mal, da ist er doch tatsächlich wieder. Wartet nur, den leg ich schön herein.

Der Spion ist hinter einer Säule postiert oder z. B. auch in einen Vorhang eingewickelt, so daß nur das Fernrohr herausschaut, je nach Bühne und Inszenierungsart.

Im Fernrohr sieht man doch alles viel größer. Der meint sicher, das sei die Spitze eines Speers, was da durchgeht. Er schleicht sich unten an den Spion, führt ein Stecklein oder seinen Finger im unteren Sichtfeld des Fernrohrs durch, macht Marschgeräusche dazu oder läßt die Kinder Marschgeräusche machen, der Spion zählt mit, es werden immer mehr, immer schneller, und zuletzt rennt der Spion entsetzt davon.

So, den wären wir los. Der geht jetzt sicher und erzählt bei Pfisters, wir seien so stark, daß es keinen Sinn hat, mit uns zu kämpfen.

Eliab *kommt von hinten* David! David! David!

David Ja, was ist?

Eliab Du hast uns ja gestern vergessen, unsere –

David So, hast du gut geschlafen?

Eliab Ja, du hast uns ja –

David Ich auch, danke.

Eliab Bitte, ich hab dich ja gar nicht gefragt.

David Warum eigentlich nicht?

Eliab Ich habe gedacht, du schläfst sowieso –

David Ich finde, du hättest mich ruhig zuerst fragen können, wie ich geschlafen habe.

Eliab Ja, ja, aber du, du hast vergessen – 156

David Schließlich habt ihr mich einfach vor dem Lager draußen liegengelassen, da könnte man schon so höflich sein und am Morgen fragen –

Eliab Also, wenn du unbedingt willst: Wie hast du geschlafen?

David Frag nicht! Und was hast du vergessen?

Eliab Du hast etwas vergessen, nämlich uns unsere Brötchen zu geben.

David Ja, IHR seid plötzlich davongesaust wie die Feuerwehr. Habt ihr überhaupt meinen Gruß ausgerichtet dem König Paul?

Eliab Spinnst du? Du glaubst doch nicht im Ernst, wir werden dem König Saul einen Gruß sagen von dir?

David Aber ich will doch gegen den Goliath kämpfen!

Eliab Dummes Zeug. Der zerquetscht dich ja mit dem linken kleinen Zeh.

David So? Das wollen wir dann sehen.

Eliab Also, gib mir jetzt die Brötchen, dann können wir sie zum Frühstück nehmen, es gibt immer so ’nen schrecklichen Kaffee.

David Nein, ich gebe die Brötchen erst, wenn ihr zum König Saul geht und ihm sagt, daß ich mit dem Goliath kämpfen will.

Eliab Da kannst du lange warten, bis ich das mache. Der König Saul würde mich schön auslachen.

David Gut, dann könnt ihr euren schrecklichen Kaffee ohne Brötchen nehmen.

Eliab David!

David Eliab!

Eliab Gib die Brötchen!

David Geh zum Saul!

Trompetenstoß.

Wächter Weg! Weg! Der König Saul kommt!

David Jetzt kannst du ihms sagen.

Eliab Sags doch selber.

Wächter Weg, hab ich gesagt!

Eliab Wir gehen ja. *Geht.*

157 David Ich bleibe. Und du?

Wächter Was heißt da »und du?«

David Ich wollte nur fragen: Und du? Hast du schon gefrühstückt? *Hält ihm ein Brötchen hin.*

Wächter Ach, du bist es. Also gut. *Nimmt das Brötchen.* Geh dort hinüber und halt dich ruhig. Mmmmmh, ein Abraham-Brötchen! *Beißt hinein.*

David Ein Graham!

IX.

Saul So!

Wächter Jawohl, Herr König!

Saul Uäääh!

Wächter Jawohl, Herr König!

Saul Brrrr!

Wächter Jawohl, Herr König!

Saul Sag nicht immer »Jawohl, Herr König!«

Wächter Jawohl, Herr König!

Saul Frag mich lieber, wies mir geht.

Wächter Jawohl, Herr König!

Saul *wartet, dann* Hm?

Wächter Jawohl, Herr König!

David Wie gehts, Herr König?

Saul Mies, saumies!

Wächter *will ihn am Reden hindern* Bist du wahnsinnig? Einfach dreinreden?

David Wegen dem Krieg?

Saul Nein, weil der Kaffee so schrecklich ist! Das ist einfach kein Aufstehen am Morgen.

David Wie wärs mit einem feinen Graham-Brötchen, Herr König?

Saul *nimmt eins* Abraham, mmmh!

David Jetzt kommt der auch noch damit, Graham ist es!

Saul Gut ist es, das ist die Hauptsache. Wer bist du?

David Ich bin der David, der Ausläufer von Isai, dem Bäcker. Und du? Eh, Sie, sind Sie wirklich der König Saul?

Wächter Jawohl, Herr König!

Saul Halt die Klappe, das werd ich wohl selbst noch sagen 158
können, daß ich der König bin.

David Und wieso gibt es bei Ihnen so schrecklichen Kaffee?

Saul Weil die Vorräte aufgebraucht sind, und die, die den Kaffee bringen aus Afrika, die können nicht durch, weil die Philister im Wege stehen.

David Da würden Sie am besten die Philister zum Teufel jagen.

Saul Ja, wenn man das so einfach könnte mit einem Abraham-Brötchen.

David Mit einem Abraham-Brötchen nicht, aber mit einem Graham-Brötchen könnt ich das unter Umständen.

Saul Hahaha, du bist wirklich ein Ausläufer. Da müßtest du den Goliath umlegen, und das getraut sich keiner.

David Sie auch nicht?

Saul Ich bin der König, ich muß schauen, daß mir nichts passiert, das wäre schrecklich für das Volk.

David Also, für mich wärs nicht so schrecklich, wenn Ihnen etwas passieren würde. *Wächter ist entsetzt. Saul verschluckt sich am Brötchen, beginnt zu husten.*

Kann ich Ihnen helfen, Herr Hönig? *Klopft ihm auf den Rücken.* Nicht, daß Ihnen noch etwas passiert. Das wäre ja schrecklich.

Saul Also, das wäre doch schrecklich, oder?

David Ja, natürlich. Also, abgemacht. Ich leg den Goliath um mit einem Graham-Brötchen. Vielleicht brauch ich auch zwei oder drei, aber mehr als vier auf keinen Fall.

Saul Du willst mit dem Goliath kämpfen?

David Nicht direkt. Ich will ihn nur umlegen.

Saul Dafür mußt du doch kämpfen mit ihm.

David Wieso grad kämpfen? Wenn ich mit ihm kämpfe, krieg ich ihn nicht, der ist stärker als ich. Aber wenn ich gut nachdenke, dann krieg ich ihn, der ist nämlich saudumm.

Saul Bist du sicher?

David Je größer, desto dümmer. Also abgemacht. Morgen leg ich ihn um.

Saul Wenn dus probieren willst – ich hindere dich nicht
159 daran. Aber überleg dirs gut, es wäre schade um dich.

David Möchten Sie noch ein Graham-Brötchen.

Saul Mmmh, sehr gern. *Nimmt es.* Danke. Wachtmeister!

Wächter Jawohl, Herr König!

Saul Du sorgst dafür, daß dieser junge Mann eine rechte Rüstung bekommt und übst mit ihm ein paar Griffe. Nur für den Fall, daß er morgen nicht zum Denken kommt. *Wächter salutiert.*

David Jawohl, Herr König!

Saul *nimmt sich noch drei Brötchen und geht ab.*

Wächter So, dann kriegst du jetzt die Rüstung.

David Muß das sein?

Wächter Klar. Hast es ja gehört vorhin.

David Also, dann zeig mal, was du hast.

Der folgende Dialog muß sich gemäß den Einzelteilen der Rüstung abwickeln. Die Rüstung kann bestehen aus einem Helm, aus einem Oberteil, auch aus einer Schutzbrille, eventuell Knieschonern und Schild plus z. B. Kartonröhre als Schlagstock und Fernrohr und Trompete, je nach Phantasie des Kostümmachers – jedenfalls steht David am Schluß vollkommen immobil da, kann sich kaum rühren, geschweige denn ein paar Schritte machen oder gar kämpfen.

David Und so soll ich auf den Goliath los?

Wächter Jawohl.

David Ich kann mich ja kaum bewegen.

Wächter Das lernen wir jetzt gleich. Das Wichtigste ist der Speergriff. Ich mach dir den einmal vor. Paß gut auf. *Macht einen sinnlosen, aber präzisen Bewegungsablauf, den er mit Rufen unterstützt. Am Schluß ist das Schwert wieder am selben Ort wie am Anfang.*

David Und jetzt?

Wächter Jetzt lernen wir das. Versuchs mal. *David versucht einen solchen Bewegungsablauf, der völlig falsch herauskommt.* Nein, falsch. Wir machens mal ganz langsam von Anfang an. Zuerst hältst du den Speer so.

David Aber so hält man ihn ja am Schluß auch wieder.

Wächter Na und?

David Dann könnte man ihn doch von Anfang an so lassen.

Wächter Ach ja. Daran hab ich noch nie gedacht. Dann zeig ich dir mal, wie das Kämpfen geht. Zuerst geht man in die Knie – so. *Geht mit einem Sprung in Stellung, stößt dazu einen Ruf aus.* Dann geht man mit dem Speer hin und her, damit der andere nicht zustoßen kann, und wenn man sieht, daß der andere einen Moment lang nicht aufpaßt, *laut* stößt man zu *David erschrickt* und geht sofort wieder zurück und macht weiter so. *Bewegt den Speer hin und her.* So, jetzt üben wir mal das. Zuerst mit einem Sprung in die Knie. *Tut es. David tut es auch und fällt sofort hin.* In die Knie, nicht auf den Boden! Sofort wieder aufstehen! *David steht nicht auf.* Sofort wieder aufstehen! *David steht nicht auf.* Muß ich deutlicher werden? *Er gibt David einen Tritt, David packt seinen Fuß, daß er hinfällt.* Gib acht, Kleiner, so geht das nicht.

David *beginnt die Rüstung auszuziehen* Nein, so geht das wirklich nicht.

Wächter He, zieh die Rüstung wieder an, wir haben noch nicht fertig trainiert.

David Das kann ich alles nicht brauchen, merkst du das nicht?

Wächter Aber sonst kannst du doch nicht gegen Goliath kämpfen.

David Wenn ich in dieser Rüstung gegen Goliath kämpfe, bin ich sofort erledigt. Ich brauche keinen Helm, keinen Panzer, keinen Schild und kein Schwert.

Wächter Womit willst du dann gegen Goliath kämpfen?

David Mit dem Kopf. Willst du ein Brötchen?

Wächter Daraufhin schon. Das hab ich noch nie gehört, daß einer mit dem Kopf kämpfen will. Danke. *Nimmt das Brötchen.* Aber dann brauchst du vielleicht trotzdem einen Helm, wenn du mit dem Kopf gegen ihn anrennen willst.

David Nicht so, du großer Krieger. Ich kämpfe mit dem,
161 was im Kopf drin ist.

Wächter Womit?

David Mit dem Hirn.

Wächter Uääah!

David Ich denk nach, ob mir etwas in den Sinn kommt gegen Goliath. Ich versuche einfach schlauer zu sein als er.

Wächter Das hab ich auch noch nie gehört.

David Dann ist es Zeit, daß du es mal hörst. Jetzt gehst du zum König und sagst ihm, wir hätten zusammen geübt, und ich könne das nicht mit dieser Rüstung, aber ich leg ihn schon um.

Wächter *entsetzt* Den König?

David Nein, den Goliath, du großer Krieger, und jetzt geh, ich brauche meinen Kopf zum Nachdenken. *Wächter will gehen.* Und bring dem König noch drei Graham-Brötchen mit, und einen schönen Gruß von mir. *Gibt sie ihm. Wächter bleibt stehen.* Jaja, du kriegst auch noch eins, das ist klar. *Gibt ihm eins.*

Wächter *strahlend ab* Machs gut morgen, mit deinem Hirn! Uääah . . .

XI.

David So, den wären wir los. Und jetzt? Was mach ich jetzt? Ich glaube, am dringendsten ist es, daß ich den Goliath noch sehe, bevor ich morgen früh mit ihm kämpfen muß. Soll ichs wieder dort probieren, wo ich ihn gestern nacht angetroffen habe? Aber dorthin sind sie ja nur gekommen, um etwas zu besprechen, vielleicht müssen sie heute gar nichts mehr besprechen. Wißt ihr was, Kinder? Könnt ihr ihn nicht rufen? Das wäre am einfachsten, dann muß ich nicht lang da hinten im Zeug herumlaufen, und ihr seht ihn auch wieder.

Kinder Goliath! *Er kommt nicht gleich.*

David Wahrscheinlich müßt ihr noch ein bißchen lauter rufen.

Kinder Goliath!

David Was macht denn der so lange bei Pfisters? Ich glaub fast, ihr müßt ihn nochmal rufen.

Kinder Goliath! 162

David Jetzt hats gewirkt, ich glaub, er kommt.

Goliath Wer ruft mich? Etwa einer, der gern eins auf den Deckel hätte?

David Grüß euch!

Goliath Ah, du bist es? Wieso sagst du mir »Grüß EUCH«?

David Ach, das ist mir einfach so herausgerutscht. Ich wollte nur fragen, wie es euch geht, ich meine, wie es dir geht, ob es schlimm gewesen ist mit der Wunde.

Goliath Der kleine Kratzer? Der hat mir gar nichts gemacht. Und jetzt hau ab! Sonst kriegst du einen großen Kratzer, hahaha!

David Ja, und du kriegst auch noch etwas von mir, und zwar ein Graham-Brötchen, frisch vom Bäcker. *Gibt es ihm.* Weil ich gestern so frech war mit dir.

Goliath Oh danke. Das eß ich gleich. *Die Hand gehorcht nicht. Leise* Hast du nicht gehört, was ich gesagt habe? *Laut* Das eß ich gleich. *Die Hand gehorcht nicht.*

David Und wieso ißt du es nicht?

Goliath Ach, ich hab mich anders besonnen, ich spare noch bis zum Vespern.

David Ich hab eher das Gefühl, deine Hand spart es noch bis zum Vespern. Dann geb ich der andern Hand auch noch eins. *Tut es.*

Goliath Gut, dann eß ich einfach das. *Die Hand bewegt sich nicht. Leise* Hörst du auch nichts? *Laut* Dann eß ich einfach das.

David Ich glaube, die Hand hört auch nichts. Dann geb ich dirs doch direkt in den Mund. *Tut es.* So, und jetzt eßt es, und Mahlzeit, alle drei. *Zu jedem Brötchen kommt eine Hand, nimmt das Brötchen hinter der Verkleidung, und man hört schmatzen.* Schmeckts?

Alle drei Sehr gut.

David Seht ihr. Dann wollt ich euch nur noch sagen, daß ich dann morgen mit euch kämpfen werde.

Alle drei *lassen ihre Brötchen fallen* Was?

David Ja, und daß es am besten wäre, ihr würdet euch nicht lang spreizen.

163 Goliath Wir schlagen dich, eh, ich schlag dich tot!

David Hör mal, ich weiß schon lang, daß ihr zu dritt seid, und ich weiß auch, daß ihr bis jetzt neun Gulden bekommen habt dafür und von jetzt an dreimal mehr bekommt, also wieviel? Du! *Tippt auf eine Hand.*

Goliath 2 Dreiundzwanzig.

David Falsch, siebenundzwanzig! Ich habs doch gestern schon gesagt. Aber das Geld nützt euch überhaupt nichts, wenn ich das den Israeliten sage.

Goliath Du Mistkäfer!

David Also, euer Trick ist aus.

Goliath Ich schlag dich zusammen!

David Umgekehrt, umgekehrt, ich schlag euch zusammen, aber so, daß es euch nichts macht. Mir gefällt das nämlich, was ihr gemacht habt. Wenn ihr das nicht herausgefunden hättet mit eurem Goliath, dann wären alle Pfisters auf alle Israeliten losgegangen, und es hätte einen Haufen Tote gegeben. So ist bloß ein einziger ums Leben gekommen, und dabei solls auch bleiben.

Goliath Aber wir müssen euer Land erobern!

David Wofür eigentlich?

Goliath Ja, einfach dafür, daß . . . damit . . . um zu . . . ja, wofür eigentlich?

David Was sagt euer Chef, wenn ich morgen gegen euch gewinne?

Goliath Er hat gesagt, er wäre eigentlich froh, wenn er wieder nach Hause könnte, er glaube nicht, daß er gewinnen würde. Heute morgen hat unser Spion erzählt, daß ihr Zuzug bekommen habt.

David Ja, diesen Zuzug habe ich selber gesehen.

Goliath 2 *zu Goliath 1* Das hättest du nicht sagen dürfen!

Goliath 3 Aber seither haben wir Angst, daß man uns umbringt.

David Na, um so besser. Alle wären froh, wenn die Sache ein Ende hätte. Euer Chef wäre froh, weil er nicht glaubt, daß er gewinnen kann. Ihr wärt froh, weil ihr dann nicht umgebracht würdet. König Saul wäre froh, weil es dann endlich nicht mehr diesen schrecklichen Kaffee zum Frühstück gibt.

Und ich wäre froh, weil dann meine Brüder wieder nach Hause könnten. Also abgemacht, ich gewinne gegen euch.

Alle drei Goliaths Aber wie?

David Hört mal, ich muß dem König Saul euern Kopf bringen zum Beweis. Nun machen wirs doch so wie gestern mit dem Brötchen. Ich hau dir da oben das Brötchen in die Fresse, du da drüben langst mit dem Schwert danach, dann brüllt ihr alle zusammen und fallt um. Dann nehm ich euch einfach den Kopf ab, oder ist das dein richtiger Apfel da oben?

Goliath Ich bitte dich.

David Also, und nehmt ein bißchen Tomatenpüree mit, damits richtig schauerlich aussieht.

Goliath Meinst du, das geht gut?

David Das geht sehr gut, ihr müßt nur laut genug schreien und gefährlich herumfuchteln, das könnt ihr ja.

Goliath Gut, wir versuchens morgen.

David Bist ein Schätzchen, Goliäthchen. *Will ihn küssen, Goliath schaudert es.* So, und da hats noch für jeden von euch ein Brötchen, damit ihr wißt, womit ihr morgen umgebracht werdet. Tschüs zusammen, bis morgen!

Alle drei Goliaths Tschüs!

David Und das bleibt unter uns, was wir abgemacht haben, nicht?

Alle drei Goliaths Klar.

Sie kommen hinter dem Popanz hervor – vielleicht auch nur einer – schnappen sich ihre Brötchen und verschwinden schmatzend wieder dahinter.

Goliath 1 Was findet ihr?

Goliath 2 Ich wäre froh, wenn es so ginge, mir ist schon lang nicht mehr wohl.

Goliath 3 Ich wäre auch froh.

Goliath 1 Gut, dann wäre ich auch froh. *Der ganze Goliath entfernt sich.*

165 XII.

David So, was soll ich jetzt noch machen bis morgen früh? Am besten schlaf ich noch ein bißchen, damit ich gut ausgeruht bin. Ihr könnt schon ein bißchen auf mich aufpassen, oder? *Rollt sich ein. Wächter tritt auf. Kinder rufen.*

Wächter Nicht so laut!

David Ist schon Morgen?

Wächter Wieso brüllen denn diese Kinder so?

David Wo siehst du Kinder?

Wächter Hier doch!

David Ach, das sind keine Kinder, das ist mein Wecker.

Wächter Quatsch, das sind Kinder.

David *leise* Kinder, macht mal ticktackticktackticktack ...

Kinder Ticktackticktackticktack!

David Siehst du?

Wächter Bei Gott, es ist doch ein Wecker.

David Und jetzt, was willst du?

Wächter Mich schickt der König Saul.

David Hat er schon zu wenig Brötchen? Bring ihm noch drei.

Wächter Nein, nicht deswegen.

David Bring ihm sie trotzdem.

Wächter Gut. Aber eigentlich sollt ich dich fragen, ob wir noch jemandem etwas ausrichten sollen, ob wir noch jemandem einen Gruß sagen sollen von dir oder so, wenn du morgen ...

David Wenn ich morgen was?

Wächter Wenn du morgen stirbst.

David Da mußt du nicht mich fragen.

Wächter Wen denn?

David Den Goliath. Der stirbt morgen, nicht ich. Er wohnt dort drüben bei Pfisters, wenn du hereinkommst links.

Wächter Ich soll zum Goliath?

David Ja, wenn du jemandem etwas ausrichten willst, dann
schon. Sonst gehst du lieber wieder zum König Saul,
bringst ihm die Brötchen, und sagst ihm, er brauche keine
Angst zu haben, du habest schon Angst genug. Kannst 166
du das behalten?

Wächter Ich glaub schon, ja. Also du habest keine Angst, er habe ja Angst genug.

David Kannst es ihm auch so sagen. Und das ist noch für dich. *Gibt ihm auch ein Brötchen.* Tschüs.

Wächter Tschüs, danke. Und machs dann gut morgen, mit deinem Hirn – uäääh. *Ab.*

David So, hoffentlich kann ich jetzt in Ruhe mein Nickerchen machen. Weckt ihr mich wieder, wenn was ist? Oder wißt ihr was, macht doch einfach alle ticktackticktackticktack, und wenns was gibt, macht ihr grrrrr! Dann muß ich dem, der kommt, nicht lang erklären, daß ihr ein Wecker seid. *Schläft ein, die Kinder machen ticktack. Eliab, Abinadab und Samma kommen und wollen David wegtragen.*

Kinder Grrrrr!

Eliab Leise, damit ers nicht merkt.

Abinadab – nicht merkt.

David Ist schon Morgen?

Eliab Nein, nein, schlaf weiter.

Abinadab – weiter.

Samma Seid doch ruhig, Kinder.

David Das sind keine Kinder.

Samma So? Was sind es denn?

David Frag sie doch selbst.

Samma Was seid ihr?

Kinder Ein Wecker!

Eliab Aber ein richtiger Wecker macht doch ticktackticktack . . .

Kinder Ticktackticktackticktack . . .

David Na seht ihr, es ist doch ein Wecker, was hab ich gesagt? – So, und was wolltet ihr?

Eliab Wir wollten mit dir sprechen.

Abinadab – dir sprechen.

David Wieso wollt ihr mich dann wegtragen zum Sprechen?

167 Samma Damit du nicht so nah beim Wecker bist.

David Also, und worüber wolltet ihr sprechen mit mir, übers Wetter?

Eliab David, hör mal, du solltest morgen nicht gegen Goliath kämpfen.

Abinadab – Goliath kämpfen.

Samma Der ist viel zu stark für dich.

Eliab Und wenn wir unserm Vater sagen müssen, wir hätten dich mit dem Goliath kämpfen lassen und er habe dich umgebracht, dann –

Abinadab – dann –

Samma Also, dann . . .

Eliab Sicher.

David Wie war das schon wieder, als ich gesagt habe, ihr sollt heimkommen und ich habe Angst, daß man euch umbringt? Ihr habt gelacht wie die Esel. Und so lach ich jetzt auch.

Eliab Aber das ist nicht dasselbe.

Abinadab – dasselbe.

Samma Wir sind Krieger, und du –

David – zum Glück nicht. Drum besieg ich auch den Goliath.

Eliab Nimmt mich nur wunder, wie.

Abinadab – wunder wie.

David Mit einem Graham-Brötchen.

Abinadab *Erleuchtung* Graham-Brötchen!

Eliab Du hast uns unsere Graham-Brötchen noch nicht gegeben!

Samma Mein Rest zwei!

David Die geb ich euch auch nicht.

Eliab Was!

Abinadab – was?

Samma Warum nicht?

David Damit ihr ganz sicher seid, daß ich gegen Goliath gewinne, geb ich euch die erst, wenn ich mit ihm gekämpft habe, und überhaupt, kann nicht einer mal mit dem Fernrohr zu Pfisters hinüberschauen, ob er langsam kommt? Zeit wärs.

Samma *schaut durch Kartonröhre hinüber* Um Himmels 168
willen, er macht sich bereit. Abhauen, Brüder, abhauen!

Eliab *im Abgehen* Tschüs, David!

Abinadab Tschüs, David!

Samma Machs gut!

David Jaja, schaut gut zu, damit ihr was zu erzählen habt! So, jetzt muß ich mir noch einen Moment überlegen, wie ich das mache. Ich hab noch genau fünf Brötchen. Vielleicht schmeiß ich mehr als eins, damits nach etwas aussieht. Hoffentlich kommt niemand zu nahe ran – aber die haben ja alle eine solche Angst, daß sie schon beim Zuschauen in die Hosen machen. Habt ihr auch Angst, Kinder? *Eventuell kleines Gespräch mit den Kindern über die Angst, dann* Achtung, er ist da! *Weicht zurück und geht ab.*

XIII.

Goliath Ich bin der Philister Goliath! Wer von den Israeliten mit mir alleine kämpfen will, der trete vor, ihr Feiglinge, ihr Angsthasen, ihr Kuhärsche! Gewinnt er gegen mich, dann hat er gegen alle gewonnen! Schon wieder niemand! Typisch, typisch! Euch schlottern ja die Knochen, daß mans bis hier herüber hört! Zum letztenmal: Wer von den Israeliten getraut sich, mit mir allein zu kämpfen?

David Ich!

Goliath Wer sagt da »ich«?

David Ich!

Goliath Wo bist du?

David Hier unten, wos wärmer ist!

Goliath Wart nur, dir wirds gleich so heiß, daß du das Feuer im Elsaß siehst!

David Und du? Willst du nochmal pinkeln, bevor du abreisest? Das kannst du dann im Himmel oben nicht mehr!

Goliath Geh du mal vor und probiers aus, ich komm dann später nach, wenns mir pißt, eh, paßt.

David Nein, mir gehts grad nicht, da muß ich schon dich
169 schicken, tut mir leid.

Goliath Du Giftzwerg, dich zerquetsch ich mit dem kleinen Zeh.

David Paß auf, daß ich dir nicht den Zehennagel kitzle, daß du vor Lachen nicht mehr weißt, wo dir der Kopf steht!

Goliath Deinen Kopf laß ich durch die Luft wirbeln wie einen Ping-Pong-Ball!

David Und ich deinen wie einen King-Kong-Ball! *Leiser* So, fangen wir an?

Goliath *leiser* Nein, wart noch ein bißchen. *Laut* Ran an den Speck, du Fliegengewicht!

David Sieh dich vor, du Speckschwarte, du!

Goliath *leiser* So, jetzt kannst du anfangen. *Lauter* Schau mal nach, ob dein Kopf noch sitzt!

David *leiser* Fall nicht gleich beim erstenmal um, es sieht besser aus. *Laut* Magst du noch ein Gnadenbrötchen, du armer Tropf? *Schmeißt ihm ein Brötchen ins Gesicht.*

Goliath Hör auf mit Brötchen zu schmeißen – DICH will ich zum Frühstück!

David Und ich dich, aber du bist so fett, daß ich dich nicht ohne ein Brötchen anschauen kann. *Schmeißt ihm das zweite Brötchen an.*

Goliath Hört auf mit Brötchen zu schmeißen, ich seh ja gar nichts mehr!

David Es sind aber Graham! *Drittes Brötchen.*

Goliath Abraham, mmmh!

David Nein, Graham! *Leiser* Jetzt fall um! *Viertes Brötchen.*

Goliath Au, ich hab mich selber getroffen! *Sinkt zusammen.*

David *leiser* Prima! So, jetzt gib mir das Schwert. *Nimmt es, dann lauter* Und jetzt mach ich Kopfsalat aus dir!

Leiser Na, her mit dem Kopf. *Zieht das Schwert auf und »haut« ihm den Kopf ab.*

Goliath schreit auf und sinkt völlig zusammen. Fort mit dir, du widerlicher Rest! *Kickt die drei von der Bühne, die unter ihren Goliathgewändern hinauskriechen; leiser* Tschüs, meine Lieben. Alles Gute. Und besucht mich mal nach dem Krieg. 170

Alle Drei Tschüs, David! Und danke!

XIV.

David So, das hätten wir. Tomatenpüree hats noch ein bißchen zu wenig dran, zum Glück hab ich vorsichtshalber selbst mitgenommen.

Streicht noch etwas Tomatenpüree aus einer Tube an Goliaths Hals. Aaaah, wißt ihr, was ich jetzt hab? Hunger. *Schaut im Körbchen nach.* Ein Brötchen ist mir geblieben, neununddreißig hab ich gebraucht, bis ich den Goliath umlegen konnte, und das vierzigste ist für mich. Hab ich das verdient oder nicht? Ich nehm grad etwas Tomatenpüree drauf. *Tut es.* Mmmmmh, Abraham – eh, Graham! *Ißt.* Irgend etwas stört mich beim Essen. Ach, du brauchst mir nicht zuzuschauen. *Wickelt den Kopf Goliaths in ein Tuch.*

Wächter *kündigt mit Trompetenstoß König Saul an* Der König Saul! *Leise* Steh auf!

David Ich bin am Vespern.

Saul David!

David Guten Morgen, Herr König!

Saul David, wie hast du das gemacht?

David Sehr gut.

Saul Nein, ich meine, wie hast du das fertiggebracht?

David Wie ich gesagt habe, mit Graham-Brötchen, nur hab ich vier gebraucht statt eins. Der Kopf liegt da hinten, geht es so, oder wollen Sie eine Tüte?

Saul Ich laß ihn dann abholen.

Wächter Jawohl, Herr König!

Saul David, wie kann ich dir danken?

David Mir reichts, wenn ich meine Brüder heimnehmen kann.

Saul Selbstverständlich.

David Und wenn Sie mich wieder mal brauchen, können Sie mich ja rufen, ich wohne beim Bäcker Isai hinter dem großen Stadttor, ich spiel auch sehr gut Harfe, falls Sie
171 mal schlecht aufgelegt sind. Sie können mir ja den da schicken, den kenn ich schon, und er mich.

Saul David, ich danke dir! Du wirst noch von mir hören. Dank dir haben wir den Krieg gewonnen, und was das schönste ist – endlich gibts wieder einen anständigen Kaffee! *Tanzend ab.*

Wächter Und das hast du alles mit deinem Hirn gemacht? Uäääh. *Tanzt in der gleichen Art ab wie der König.*

David Hee, den Kopf habt ihr vergessen! Je nun, er läßt ihn ja abholen nachher. Ich eß jetzt mein Brötchen zu Ende. Und dann hol ich meine Brüder, und dann heim zum Vater! Juhee!

Eliab, Abinadab und Samma kommen atemlos.

Eliab, Abinadab, Samma David!

David Ja, was ist?

Eliab Brüder! *Zählt Takt* Eins, zwei, drei, vier ... *Dirigiert das kleine Chörlein.*

Eliab, Abinadab, Samma *singen* David hat gewonnen! David hat gewonnen! David hat gewonnen!

Abinadab *allein, noch eine Stufe höher* David hat gewonnen!

Eliab He – fertig!

Samma Nur dreimal, haben wir gesagt.

Abinadab Er hat aber vier Brötchen gebraucht, ich habs genau gesehen.

Eliab Was?

Samma Vier Brötchen hast du gebraucht?

Eliab Und hast sie nicht für uns behalten?

Samma Hast du wenigstens noch den Rest zwei?

David Leider nicht, ich hab nur noch ein einziges Brötchen, und das ist das, das ich grad eß. *Stopft sich den letzten Rest hinein.*

Eliab Das ist gemein, du hast gesagt, wenn du gegen Goliath gekämpft hast, gibst du uns die Brötchen.

Abinadab – die Brötchen.

David Das stimmt auch.

Samma Also, wo sind sie?

David Dort, wo wir jetzt alle hingehen, zu Hause. Der
König Saul hat mir grad gesagt, der Krieg sei zu Ende 172
und ihr dürft mit mir kommen, und drum gehen wir jetzt alle heim zum Vater und essen Brötchen. Frische Brötchen.

Eliab Frische Brötchen, mmmmh!

Abinadab Abraham, mmmmh!

David Graham, mmmmh! Die lernens nie. Tschüs, Kinder!

Das Projekt Eden

173 In der Zeit, als viele keine Arbeit fanden
und tagelang vor den Fabriken standen
da erschienen drei Männer in silbernen Hemden
und verkündeten den Leuten des Landes und den
fremden:
Kommt her, wir brauchen jeden Arm und jeden Kopf!
Kommt her, wir füllen euren Suppentopf!
Wir bauen ein Ding, das hat noch keiner gesehn
das Projekt heißt Eden und wird wunderschön!
Es gibt zu tun für alle
Halle
lujah!
Es gibt Verdienst für jeden
Eden
ist da!

Und manche kamen
in Gottes Namen
und keiner war so dumm
und fragte, warum.

Und nun schossen überall Profile aus der Erde
und Vermesser gab es plötzlich eine ganze Herde
und Büros gingen auf voll Ingenieure, die heckten
am Reißbrett etwas aus mit ihren Architekten
und Planer gab es nun auch immer mehr
und Zeichner, Zeichner wie Sand am Meer
Hochbau-, Tiefbau-, Eisen- und Beton-
sie alle hatten wieder Hochsaison!
Es gab zu tun für alle
Halle
lujah!

Es gab Verdienst für jeden
Eden
war da!
Und etliche kamen
in Gottes Namen
und keiner war so dumm
und fragte, warum. 174

Und langsam kamen Männer mit Baggern
und begannen auf ihre Art die Felder zu ackern
hoben Gruben aus und Löcher, machten Trassen, zogen Gräben
und die Ingenieure standen in Manchesterjeans daneben
mit Stiefeln an den Füßen und Plänen in der Hand
und schauten zu, wie ein Stück Wiese nach dem anderen verschwand
und die Männer auf den Baggern und den Lastwagen lachten
weil sie endlich wieder etwas Rechtes machten.
Es gab zu tun für alle
Halle
lujah!
Es gab Verdienst für jeden
Eden
war da!
Und viele kamen
in Gottes Namen
und keiner war so dumm
und fragte, warum.

Und nun kamen die Maurer und Verschaler und Armierer
die Poliere, die Zementer und die Baukranführer
die Transportbetonchauffeure und die Hilfsarbeiter
die Spanier, Griechen, Serben, Türken und so weiter
und es wuchsen überall im Land die Pfeiler und die Streben
und Mauern begannen sich riesig zu erheben

und warfen gegen Abend bereits ihre Schatten
auf alle, die dadurch ihre Arbeit hatten.
Es gab zu tun für alle
Halle
lujah!
Es gab Verdienst für jeden
Eden
war da!
Und die meisten kamen
in Gottes Namen
und keiner war so dumm
und fragte, warum.

Nur ein einziges Mal getraute einer zu fragen
und äußerte ein leises Unbehagen
an allem, was da ging, und er fragte nach dem Sinn
doch man sagte ihm sogleich: Wo kämen wir da hin?
Wichtig ist, daß jeder seine Arbeit hat!
Sind nicht alle glücklich? Sind nicht alle satt?
Die Waschmaschinen laufen und die Fernsehkisten auch!
Und ein Vorarbeiter rammte ihm ein Messer in den
Bauch.
Es gab zu tun für alle
Halle
lujah!
Es gab Verdienst für jeden
Eden
war da!
Und alle kamen
in Gottes Namen
s war keiner mehr so dumm
und fragte, warum.

Erst als der Bau dem Ende entgegenging
und überm ganzen Land ein Betondach zu wachsen anfing
da begannen die Leute die Stirne zu runzeln
doch die Männer in den Silberhemden sah man nur
schmunzeln

sie gossen aus dem Kran die letzte Öffnung zu
und dann war über allen Gipfeln Ruh.
Alles war gefangen im großen Betonschrein
und dumpf nur hörte man von drinnen schrein:
Es gab doch Arbeit für alle
Halle
lujah! 176

Es gab doch Geld für jeden
Eden
war da!

Einer rief noch Amen
in Gottes Namen
ein andrer rief: Warum?
Und alle kamen um.

Der Weltuntergang

177 Der Weltuntergang
meine Damen und Herren
wird nach dem, was man heute so weiß
etwa folgendermaßen vor sich gehn:

Am Anfang wird auf einer ziemlich kleinen Insel
im südlichen Pazifik
ein Käfer verschwinden
ein unangenehmer
und alle werden sagen
Gott sei Dank ist dieser Käfer endlich weg
dieses widerliche Jucken, das er brachte
und er war immer voller Dreck.

Wenig später werden die Bewohner dieser Insel merken
daß am Morgen früh
wenn die Vögel singen
eine Stimme fehlt
eine hohe, eher schrille
wie das Zirpen einer Grille
die Stimme jenes Vogels, dessen Nahrung, es ist klar
der kleine, dreckige Käfer war.

Wenig später werden die Fischer dieser Insel bemerken
daß in ihren Netzen
eine Sorte fehlt
jene kleine, aber ganz besonders zarte, die –
hier muß ich unterbrechen und erwähnen
daß der Vogel mit der eher schrillen Stimme
die Gewohnheit hat oder gehabt haben wird
in einer langen Schlaufe auf das Meer hinauszukehren
und während dieses Fluges seinen Kot zu entleeren

und für die kleine, aber ganz besonders zarte Sorte
Fisch war dieser Kot
das tägliche Brot.

Wenig später werden die Bewohner des Kontinents
in dessen Nähe die ziemlich kleine Insel im Pazifik
liegt, bemerken
daß sich überall
an den Bäumen, auf den Gräsern, an den Klinken ihrer
Türen
auf dem Essen, an den Kleidern, auf der Haut und in
den Haaren
winzige schwarze Insekten versammeln
die sie niemals gesehen
und sie werdens nicht verstehen
denn sie können ja nicht wissen
daß die kleine, aber ganz besonders zarte Sorte Fisch
die Nahrung eines größern, gar nicht zarten Fisches war
welcher seinerseits nun einfach eine andere Sorte jagte
einen kleinen gelben Stichling vom selben Maß
der vor allem diese schwarzen Insekten fraß.

Wenig später werden die Bewohner Europas
also wir merken
daß die Eierpreise steigen
und zwar gewaltig
und die Hühnerfarmbesitzer werden sagen
daß der Mais
aus dem ein Großteil des Futters für die Hühner besteht
vom Kontinent
in dessen Nähe die ziemlich kleine Insel im Pazifik liegt
plötzlich nicht mehr zu kriegen sei
wegen irgendeiner Plage von Insekten
die man mit Giften erfolgreich abgefangen
nur leider sei dabei auch der Mais draufgegangen.

Wenig später
jetzt geht es immer schneller

kommt überhaupt kein Huhn mehr auf den Teller.
Auf der Suche nach Ersatz für den Mais im Hühnerfutter
hat man den Anteil an Fischmehl verdoppelt
doch jeder Fisch hat heutzutage halt
seinen ganz bestimmten Quecksilbergehalt
bis jetzt war er tief genug, um niemand zu verderben
179 doch nun gehts an weltweites Hühnersterben.

Wenig später
werden die Bewohner jener ziemlich kleinen Insel im südlichen Pazifik
erschreckt vom Ufer in die Häuser rennen
weil sie das, was sie gesehen haben, absolut nicht kennen.
Die Flut hat heute
und dazu muß man bemerken
der Himmel war blau und Wind gab es keinen
und der Wellengang war niedrig wie stets bei schönem Wetter
und trotzdem lagen heute nachmittag
die Ufer der Insel unter Wasser
und natürlich wußte niemand
daß am selben Tag auf der ganzen Welt
die Leute von den Ufern in die Häuser rannten
und die Steigung des Meeres beim Namen nannten.

Wenig später
werden die Bewohner jener ziemlich kleinen Insel im südlichen Pazifik
von den Dächern ihrer Häuser in die Fischerboote steigen
um in Richtung jenes Kontinents zu fahren
wo seinerzeit die Sache mit dem Mais passierte.
Doch auch dort ist das Meer schon meterhoch gestiegen
und die Städte an der Küste und die Häfen, die liegen
schon tief unter Wasser
denn die Sache ist die
man mußte das gesamte Federvieh

also sechs Milliarden Stück
vergiftet wie es war verbrennen
und der Kohlenstaub, der davon entstand
gab der Atmosphäre
durch Wärme und Verbrennung schon bis anhin
strapaziert den Rest.
Sie ließ das Sonnenlicht wie bisher herein
aber nicht mehr hinaus
wodurch sich die Luft dermaßen erwärmte
daß das Eis an den Polen zu schmelzen begann
die Kälte kam zum Erliegen
und die Meere stiegen.

Wenig später werden die Leute
die mittlerweile in die Berge flohen
hinter den Gipfeln
weit am Horizont
ein seltsam fahles Licht erblicken
und sie wissen nicht, was sie denken sollen
denn man hört dazu ein leises Grollen
und wenn einer der Älteren jetzt vermutet
daß nun der Kampf der Großen beginnt
um den letzten verbleibenden Raum für ihre Völker
da fragt ein andrer voller Bitterkeit
wie ums Himmels willen kam es soweit?

Tja, meine Damen und Herren
das Meer ist gestiegen, weil die Luft sich erwärmte
die Luft hat sich erwärmt, weil die Hühner verbrannten
die Hühner verbrannten, weil sie Quecksilber hatten
Quecksilber hatten sie, weil Fisch gefüttert wurde
Fisch hat man gefüttert, weil der Mais nicht mehr kam
der Mais kam nicht mehr, weil man Gift benutzte
das Gift mußte her, weil die Insekten kamen
die Insekten kamen, weil ein Fisch sie nicht mehr fraß
der Fisch fraß sie nicht, weil er gefressen wurde
gefressen wurde er, weil ein anderer krepierte
der andere krepierte, weil ein Vogel nicht mehr flog

der Vogel flog nicht mehr, weil ein Käfer verschwand
dieser dreckige Käfer, der am Anfang stand.

Bleibt die Frage
stellen Sie sie unumwunden
warum ist denn dieser Käfer verschwunden?

181

Das, meine Damen und Herren
ist leider noch nicht richtig geklärt
ich glaube aber fast, er hat sich falsch ernährt.
Statt Gräser zu fressen, fraß er Gräser mit Öl
statt Blätter zu fressen, fraß er Blätter mit Ruß
statt Wasser zu trinken, trank er Wasser mit Schwefel –
so treibt man auf die Dauer an sich selber eben Frevel.

Bliebe noch die Frage
ich stell mich schon drauf ein
wann
wird das sein?

Da kratzen sich die Wissenschaftler meistens in den Haaren
sie sagen
in zehn, in zwanzig Jahren
in fünfzig vielleicht oder auch erst in hundert
ich selber habe mich anders besonnen, ich bin sicher
der Weltuntergang, meine Damen und Herren
hat schon begonnen.

Strandgut

Eines Morgens wird an der Küste irgendeines Meeres 182
wahrscheinlich im Norden
etwas stranden, das voll ist von Algen und dicht besät mit Muscheln
wahrscheinlich ein Koffer
und die Leute werden sich darum versammeln und beraten
was damit zu tun sei.

Schließlich beginnt ein Fischer, die Schicht mit dem Messer abzuschaben

nun sieht man zwei Schlösser
alsbald geht der Dorfschmied daran, mit der Zange und dem Meißel
den Koffer zu sprengen
und die Leute recken jetzt ihre Hälse, um zu sehen
was darin ist.

Gleich richten alle sich wieder auf, und es steigt aus ihrer Mitte
ein Laut der Enttäuschung
nichts ist zu sehen im Innern des Koffers, außer einem Schimmel
von schwärzlicher Farbe
und am Boden liegt ein flaches, rundes Stück von einem Stein
der trägt eine Inschrift

Niemand jedoch versteht die Botschaft, und keiner kennt die Sprache
in der sie verfaßt ist.

Da holt man den Dorfschullehrer herbei und fragt,
ob er verstehe
was darauf geschrieben
der Lehrer nimmt den Stein in seine Hand, und bald
schon nickt er
und beginnt zu lesen
183 Diesen Koffer werde ich
Servatius Omnignosticus
Prosektor, Arzt und Humanist zu Amsterdam
heute
den 2. Juli 1483
auf hoher See versenken.
Darin gefangen und gebannt auf immer
habe ich
die allerschauerlichste Geißel dieser Welt
den Virus einer Seuche
gegen die die Pest
nicht vielmehr als ein Schnupfen ist.
Gott verhüte
daß dieser Koffer je gehoben wird.

Nachwort

»Solche Geschichten kann jeder schreiben«, behauptet Franz Hohler von seinen »Wegwerfgeschichten«, und er hat es mit seinem Publikum ausprobiert:

»Jeder Mensch besitzt Phantasie, nur braucht sie nicht jeder. Um die Leute dazu zu bringen, ihre Phantasie zu brauchen, lasse ich manchmal, wenn ich mit meinem Bühnenprogramm auftrete, vom Publikum eine Geschichte erzählen, also so, daß jemand einen ersten Satz sagt, jemand anders einen zweiten, meistens folgen dann Ergänzungen, Einwürfe usw. Ich schreibe die Geschichte während ihrer Entstehung auf und teile sie am Schluß vervielfältigt aus.«

Franz Hohler, in unserem Land durch seine Auftritte in der »Pfeffermühle« und der »Distel« vor allem als Kabarettist bekannt, ist einer der vielseitigsten Autoren der Schweiz. Neben Kabarettprogrammen schreibt er Stücke und Prosa für Kinder und Erwachsene, macht Rundfunk- und Fernsehsendungen für Große und Kleine, schreibt Hörspiele, spielt Cello, wenn er sich nicht gerade auf Schreibmaschine oder Pappschachteln begleitet, komponiert und baut sich auch noch das Cello selbst. Das alles will Hohler noch eine Weile so weitermachen, denn jeder Stoff verlangt nach einer anderen Ausdrucksform, und zwischen Kabarett und Literatur gibt es für ihn keine Trennung. Für die Zukunft plant er neben all dem noch einen Film über einen schweizerischen Don Quichotte.

Franz Hohler wurde 1943 in einer Lehrerfamilie in Olten geboren. Als Kind lernte er Blockflöte und Cello spielen und schrieb die ersten Gedichte und Geschichten. Die letzten drei Jahre Gymnasium in Aarau brachten Schülertheater und das erste abendfüllende Kabarett-

programm. Nach der Matur 1963 nahm er ein Studium der Germanistik und Romanistik in Zürich auf. Im Mai 1965 erlebte sein erstes selbstgeschriebenes und komponiertes Soloprogramm »pizzicato« die Premiere; es hatte solchen Erfolg, daß sich Hohler ohne Trauer von der Uni ab- und dem freischaffenden Künstlerleben zuwandte.
185 Heute lebt er in Zürich und hatte schon in mehr als einem Dutzend Ländern erfolgreiche Auftritte.

Der schnelle Erfolg Franz Hohlers war neben der Qualität seiner Programme auch dem Nichtvorhandensein einer Schweizer Kabarettszene zuzuschreiben. Nach dem Ende des Kabaretts »Cornichon« 1951 versuchten mehrere Duos das Interesse für Kabarett bei den Schweizern neu zu wecken, aber einerseits war kein politisches Bewußtsein vorhanden, andererseits dominierte in diesen Programmen die Form über den Inhalt. Befragt man Franz Hohler nach Traditionslinien, in die er sich stellt, so nennt er als »Polarsterne« drei Namen: Morgenstern, Valentin und Ringelnatz.

Hohler baut in seinen Programmen auf den Dialog zwischen Künstler und Publikum auf einer spielerischen Ebene – dem Spiel mit der Sprache. Mit diesen »Sprachspielen« – Franz Hohler gab einem von ihm herausgegebenen Heft des »Schweizerischen Jugendschriftenwerks« diesen Namen – versucht er, mehr Sprachbewußtsein zu provozieren, zum phantasievolleren alltäglichen Gebrauch der Wörter anzuregen. Das bedeutet für ihn auch, sie auf ihren ursprünglichen Sinn zurückzubringen, sie von manipulatorischen Absichten frei zu machen und sie vor Mißhandlungen zu bewahren. Hohler sieht eine Gefahr in den Sprachgewohnheiten und -bequemlichkeiten, in den täglich zunehmenden Klischees – auch bei uns wird hinterdacht, abgeklopft und durchgeholt – und bewahrt sich deshalb im Umgang mit der Sprache eine Distanz, ein immer neues Staunen oder Verwundern über das Normale. »Wie verwandelt sind doch die Leute, sobald sie sprechen, die Sprache ist wie ein Prinz, der sie aus dem Dornröschenschlaf wachküßt.«

Vor allem die Texte für Kinder sind neben poetisch-verträumten Angriffen gegen die Phantasielosigkeit voll spielerischer Freiheit, wie sie Kindern auch in der Sprache noch eigen ist, die Dinge zum ersten Mal betrachten und begreifen. Diese Haltung entspricht dem Wesen des Autors; wenn er redet und zuhört, kann er selbst sein wie ein Kind: offen, wach und voller Schalk. 186
Aber auch in den Liedern, Stücken und der Prosa für Erwachsene ist er der genaue Beobachter, der dabei mit Leichtigkeit ins Groteske, Absurde und Phantastische abgleitet.

Hohler beschreibt fast immer Gewohntes, das man kaum noch zur Kenntnis nimmt. Hier trifft die für die schweizerische Prosa der beiden letzten Jahrzehnte so typische Detailtreue zu, das Aufschreiben von Alltäglichem, aber immer sehr individuell beobachtet und eigenwillig interpretiert. Eine für diese Art des Schreibens sehr bezeichnende Geschichte ist »Ein eigenartiger Tag«.

Hohler wurde durch seine Sprachspiele, die Aneinanderreihung von Silben und Wörtern immer wieder mit den Surrealisten in Verbindung gebracht. Seine Texte sind aber weder vergleichbar mit denen eines blind rebellierenden Intellektuellen, der »Skandal« auf seine Fahne geschrieben hat, noch stellt er Irrationales über den Verstand. Hohler entfernt sich mit seiner Phantasie nicht von der Wirklichkeit, er macht sie erlebbarer, durchschaubarer. Selbst solche Texte wie »Instriktionen« haben einen konstruktiven Sinn, da sie die Unverständlichkeit bestimmter militärischer Befehle bewußtmachen, die zur Vernichtung anderer Menschen gegeben werden:

»1. Durch Beistab angewatzte Formzwecke haben sich im Bezackschlirpf in die den Standklimmungen zugepflinzten Schmitzkuben hucken.

2. Harchen von den Worstpfetten schlierzen, wann quillschütter sofont über Heckstipfel gorgeln. usw.«

Ernste und sehr nachdenkliche Töne schlägt Hohler an, wenn es um unsere bedrohte Erde, um Zerstörung unserer Welt geht. Da sind seine Absichten scharf und

direkt formuliert, berühren uns seine Visionen wie in »Das Projekt Eden«, »Der Weltuntergang« oder »Strandgut«. Es nimmt nicht wunder, daß sich Franz Hohler bei den großen Friedensdemonstrationen nicht nur beteiligt, sondern sie auch aktiv mitgestaltet. Er stellt sein Wort und seine Kunst in ihren Dienst, obwohl er »von
187 der Unausweichlichkeit des Wahnsinns überzeugt ist, zu der auch die Unmöglichkeit eines Rüstungsabbaus gehört. Daraus leite ich«, sagte er, »übrigens die Notwendigkeit ab, gegen den Wahnsinn und für den Rüstungsabbau zu demonstrieren, aber das ist meine Sache«.

Die Prosatexte »An der Bundesfeier«, »An der Demonstration« und »Auf dem Schlachtfeld« sind Hohlers unmittelbarste Reaktionen auf Kriegsgefahr und atomare Rüstung. Sie geben ein genaues und differenziertes Bild von den politischen Strömungen in der Schweiz und machen gleichzeitig die Motive des Autors deutlich, der hier nicht mehr nur Beobachter, sondern unmittelbar Beteiligter und im Fall des Falles Betroffener ist.

In »Auf dem Schlachtfeld« heißt es:

»700 000 Menschen sollen insgesamt bei Verdun getötet worden sein. Etwas wie Trauer beschleicht einen, wenn man sagen soll, wie man das hätte vermeiden können. Oder soll man etwa sagen, damit diese 700 000 Menschen hätten am Leben bleiben können, hätten 700 000 Menschen den Dienst verweigern müssen? Das wäre eine einfache Mathematik, nur weiß man eben, daß das Leben keine Mathematik ist, und man weiß, daß es nicht möglich ist, daß alle den Dienst verweigern, alle 700 000, das wäre eine Ungeheuerlichkeit, das wäre einfach zuviel verlangt von den Leuten. Daß sie sich allerdings nachher in einem menschenunwürdigen Wirrwarr von Morast, Geschossen und Gas umbringen und umbringen lassen, sich gegenseitig zerstören und entstellen, das kann man eigenartigerweise wieder verlangen von den Leuten. Doch, das schon.«

1984 war Hohler bei der großen »Walddemonstration« in Bern zu finden, wo er sich nicht nur als »Grüner«

begreift, sondern es ihm um die Erhaltung der Natur und eines natürlichen Verhältnisses des Menschen zu ihr ging. Auf der Bühne spart der Autor politische Themen nicht aus. Sie sind laut Franz Hohler in den letzten Programmen »... aussagemäßig eindeutiger, oder sagen wir, etwas weniger Spielraum lassend als in den früheren Programmen. Ich habe aber jetzt wieder gesehen, als ich zu spielen begonnen habe, daß sich mein Publikum zusammensetzt aus etwa 50 Prozent jungen Leuten, die politisch ähnliche Ansichten haben, die auch skeptisch sind gegenüber unserem Industriestaat mit seinen Wohnblöcken und Atomkraftwerken, sagen wir pauschal links, aber dann kommt auch – und das widerspricht der Vermutung von vorhin, denn das sind die anderen 50 Prozent – der ›Bürgerblock‹. Die kommen trotzdem und die will ich eigentlich erreichen, und die anderen will ich ermutigen und bestätigen. Im übrigen, wenn ich bestimmte Sachen sagen will und bestimmte Meinungen ausdrücken will, dann geht das einfach nicht, ohne daß man irgend jemandem an den Karren fährt, daß man Anstöße gibt, aber auch Anstoß erregt.«

Die Reaktion auf verstärktes politisches Engagement blieb nicht aus. Freie Uetiker Bürger und Bürgerinnen fragten: »Soll Franz Hohler den Uetiker Kindern weiterhin (rote) Märchen erzählen?« Die Fernsehsendung »Denkpause« verlief nach eindeutiger Meinungsäußerung durch Hinhaltetaktik im Sande.

Hohlers Erfolg ist unter anderem seinem hintergründigen und sehr feinsinnigen Humor zuzuschreiben; seinem mit Widerhaken besetzten Witz, der oft das Lachen im Halse steckenbleiben läßt. Charakteristisch sind immer wieder seine detaillierten Beschreibungen von Vorgängen, die durch das Groteske und Skurrile seiner Erzählweise das Selbstverständliche nicht selbstverständlich erscheinen lassen. Franz Hohler sagt dazu in einem Interview:

»Der Humor steht der Wirklichkeit vielleicht noch etwas näher als die Phantasie. Er entsteht schon da, wo eine

Wirklichkeit ganz minutiös beschrieben wird. Auch in
der Karikatur finden wir das. Goya zum Beispiel hat
damit angefangen, die Adligen ganz genau zu porträtie-
ren. Er hat nicht retuschiert, wie es die meisten seiner
Zeitgenossen taten. Er hat sie so festgehalten, wie sie in
Wirklichkeit waren. Mit ihrer Nase, dem stechenden
189 Blick und den Runzeln am Hals ... Erst später begann
er, ihre Züge ganz leicht zu übertreiben, zu karikieren.
Ein bißchen nur über die Realität hinaus. Schon die ganz
genaue Beschreibung eines Tatbestandes hat häufig eine
komische Wirkung. Ich selber habe viel weiter oben be-
gonnen. Mit geistigen Saltos. Erst später habe ich mich
der Realität genähert. Ich habe gemerkt, daß es viel
weniger Mittel braucht, als ich mir das anfangs vorge-
stellt.«

Aber auch wenn es viel weniger Mittel braucht als vorgestellt, bleibt doch, die Hohlerschen Geschichten im Kopf, als Fazit: Nein, solche Geschichten kann nicht jeder schreiben, solche Geschichten kann nur Franz Hohler schreiben.

A. W.

Werkverzeichnis

Bosco schweigt, Groteske, UA: Theater am Neumarkt, Zürich 1968

Idyllen, Prosa, Luchterhand Verlag, Darmstadt 1970

Der Rand von Ostermundigen, Erzählungen, Luchterhand Verlag, Darmstadt 1973

Lassen Sie meine Wörter in Ruhe, Stück, UA: Theaterkollektiv Studio am Montag, Bern 1974

Wegwerfgeschichten, Prosa, Zytglogge Verlag, Gümligen 1974

Wo?, Prosa, Luchterhand Verlag, Darmstadt 1976

Der Riese, Einakter, UA: Volkstheater Nürnberg 1976

Mani Matter, Portraitband, Benziger Verlag, Zürich 1977

David und Goliath, Stück für Kinder, UA: Schpilkischte, Basel 1977

Tschipo, Kinderroman, Luchterhand Verlag, Darmstadt 1978

Ein eigenartiger Tag, Lesebuch, Luchterhand Verlag, Darmstadt 1979

Sprachspiele, SJW-Heft Nr. 1485, Zürich 1979

Die dritte Kolonne, Stück für 2 Frauen, UA: claque, Baden 1979

In einem Schloß in Schottland lebte einmal ein junges Gespenst, Bilderbuch, Sauerländer Verlag, Aarau 1979

Dr. Parkplatz, Erzählung für Kinder, Walter Verlag, Olten 1980

Einseitige Geschichten, Anthologie, Hrsg.: Franz Hohler, Luchterhand Verlag, Darmstadt 1981

Der Granitblock im Kino, Kindergeschichten, Luchterhand Verlag, Darmstadt 1981

Die Lasterhaften, Stück, UA: Theater an der Winkelwiese, Zürich 1981

Solothurner Chueche, Festspiel, UA: Städtebundtheater Biel-Solothurn 1981

Die Rückeroberung, Erzählungen, Luchterhand Verlag, Darmstadt 1982

Der Nachthafen, Bilderbuch, Benziger Verlag, Zürich 1984

191 Tschipo und die Pinguine, Kinderroman, Luchterhand Verlag, Darmstadt 1985

Kabarettprogramme

pizzicato	1965
Die Sparharfe	1967
Kabarett in 8 Sprachen	1969
Doppelgriffe	1970
Die Nachtübung	1973
Schubert-Abend	1979

Schallplatten

Es bärndütsches Gschichtli

Iss dys Gmües

Vom Mann, der durch die Wüste ging

Einmaliges von Franz Hohler

Das Projekt Eden

Es si alli so nätt

In einem Schloß in Schottland lebte einmal ein junges Gespenst

Fernsehsendungen

Kinderstunden im Fernsehen DRS

»Franz und René«, zusammen mit René Quellet, seit 1973

»Denkpause«, Fernsehen DRS, 40 satirische Sendungen, 1980–1983

Rechtsnachweis:

Nachdruckgenehmigungen für die Texte von Franz Hohler erteilten uns freundlicherweise folgende Verlage:

Hermann Luchterhand Verlag, Darmstadt und Neuwied für:
Friedhof, Ignaz-Heim-Platz, Wien, Yverdon. Aus: »Idyllen«, Luchterhand 1970
An der Bundesfeier, An der Demonstration, Auf dem Schlachtfeld, Bei den Vorfahren, Zu Hause. Aus: Franz Hohler, »Wo?«, Luchterhand 1975
Die Rückeroberung. Aus: »Die Rückeroberung«, Luchterhand 1982
Ein eigenartiger Tag, Heute, Chicago, Morgen im Spital, Abend im Spital, Der Verkäufer und der Elch, Ein erschreckender Anblick. Aus: »Ein eigenartiger Tag«, Luchterhand 1983

Zytglogge Verlag, Gümligen, 1974 für:
Die ungleichen Regenwürmer, Das Zündhölzchenspiel, Zwei Flüche, Eine völlig andere Art von Theater, Der Pfingstspatz, Die Entdekkung im Neubau, Der unternehmungslustige Prinz, Die Rückreise von Amerika, Die schöne Schweiz. Aus: »47 und eine Wegwerfgeschichte«, © Zytglogge Verlag Gümligen 1974

Thomas Sessler Verlag, Wien – München für:
Der Riese, David und Goliath
Die deutschsprachigen Rechte zu diesen Stücken liegen beim Thomas Sessler Verlag, Wien – München.

Die Rechte für alle nicht in dieser Aufstellung enthaltenen Texte liegen beim Autor selbst; der Abdruck erfolgt mit freundlicher Genehmigung von Franz Hohler.

Fotonachweis

Klaus Hennch (5), Ingeborg Lommatzsch (1), Verena Eggmann (1), Frank Roland-Beeneken (1), Hans-Peter Siffert (1)